The Business School

부자 아빠의 비즈니스 스쿨

부자 아빠가 들려주는
네트워크 마케팅의
여덟 가지 숨겨진 가치

THE BUSINESS SCHOOL FOR PEOPLE WHO
LIKE HELPING PEOPLE
by Robert T. Kiyosaki

Copyright © 2001, 2003 by Robert T. Kiyosaki
All rights reserved.

Korean Translation Copyright © 2003, 2013 by Minumin

Korean edition is published by arrangement with
Rich Dad Operating Company, LLC.

이 책의 한국어판 저작권은 Rich Dad Operating Company, LLC와
독점 계약한 ㈜민음인에 있습니다.
저작권법에 의해 한국 내에서 보호를 받는 저작물이므로 무단 전재와 무단 복제를 금합니다.

The Business School

부자 아빠의 비즈니스 스쿨

부자 아빠가 들려주는
네트워크 마케팅의
여덟 가지 숨겨진 가치

로버트 기요사키 · 샤론 레흐트

안진환 옮김

민음인

차례

서문 부자들은 네트워크를 찾고 구축한다 – 7

제1장 당신은 왜 그 사업을 추천합니까? –13

제2장 **네트워크 마케팅의 첫 번째 가치**
삶을 변화시키는 교육 시스템을 갖고 있다 – 21

제3장 **네트워크 마케팅의 두 번째 가치**
직업을 바꾸는 것 이상의 의미를 지닌다 – 44

제4장 **네트워크 마케팅의 세 번째 가치**
적은 비용으로 사업을 구축할 수 있다 – 69

제5장 **네트워크 마케팅의 네 번째 가치**
부자들이 투자하는 대상에 투자할 수 있다 – 88

제6장 **네트워크 마케팅의 다섯 번째 가치**

꿈을 현실로 만들 수 있다 –120

제7장 **네트워크 마케팅의 여섯 번째 가치**

네트워크의 진정한 힘을 발휘한다 – 130

제8장 **네트워크 마케팅의 일곱 번째 가치**

마음에 품고 있는 가치가 현실을 결정한다 – 137

제9장 **네트워크 마케팅의 여덟 번째 가치**

리더십의 가치를 일깨워준다 – 153

제10장 네트워크 마케팅 사업이 꾸준히 성장하는 이유–167

책을 끝내며–176

서문
부자들은 네트워크를 찾고 구축한다

나의 부자 아빠는 비즈니스 세계에서 가장 강력한 파워를 지니는 단어는 '네트워크'라고 가르쳐주셨습니다.

세계적인 베스트셀러 『부자 아빠 가난한 아빠 1, 2』, 『부자 아빠의 투자 가이드』, 『부자 아빠의 자녀 교육법』, 『부자 아빠의 젊어서 은퇴하기』 등을 지은 로버트 기요사키는 돈을 주제로 한 책 및 교육과 관련해 국제적으로 널리 인정받는 인물이다. 《월스트리트 저널》은 '『부자 아빠 가난한 아빠』는 J. P. 모건이 추천하는 수백만의 필독서.'라고 보도한 바 있으며, 《USA 투데이》는 '『부자 아빠 가난한 아빠』는 자신의 경제적 미래를 다스리고 싶어 하는 모든 이들의 출발점.'이라고 평가한 바 있다.

로버트 기요사키는 다음과 같이 말한다.

"우리는 학교에 가서, 돈을 벌기 위해 열심히 일하는 법을 배웁니다. 하지만 나는 돈이 사람들을 위해 열심히 일하게 만드는 법을 가르쳐주는 책을 쓰고 상품을 만듭니다. 우리가 살고 있는 이 멋진 세계의 온갖 풍요를 즐길 수 있도록 말입니다."

로버트 기요사키의 책과 금융 보드게임 〈캐시플로 101〉 및 〈캐시플로 202〉, 〈아이들을 위한 캐시플로〉는 커다란 성공을 거두었다. 또 『부자 아빠 가난한 아빠』는 현재 35개 이상의 언어로 번역되어 전 세계 사람들에게 읽히고 있다. 로버트 기요사키는 이와 같은 성공이 부분적으로 네트워크 마케팅 덕분이라고 말한다.

"네트워크 마케팅 종사자를 염두에 두고 책과 상품을 만든 것은 아니었지만, 스스로 미래의 재정을 관리할 필요가 있다는 우리의 메시지에 가장 큰 박수를 보내며 지원을 아끼지 않은 사람들이 바로 그들입니다."

로버트 기요사키는 특정 네트워크 마케팅 회사를 추천하지는 않는다. 하지만 네트워크 마케팅이 제공하는 기회들의 가치는 분명히 인정하며, 이 책에서 그 가치를 강조하고 있다.

로버트 기요사키는 다음과 같이 말한다.

요즘은 예전과 달리 부자가 되는 것이 그리 어렵지 않습니다. 나는 30년 이상의 세월을 보내며 두 번의 사업 실패를 겪은 후에야 성공적인 사업 구축에 필요한 교육과 경험을 얻었습니다. 네트워크 마케팅 업계는 스스로 경제적 미래를 다스리고 싶어 하는 모든 이들에게 이미 잘 만들어져 있는 사업 시스템을 제공해 줍니다. 그것을 잘만 활용하면 누구든 부자가 될 수 있다는 얘깁니다.

나의 부자 아빠는 비즈니스 세계에서 가장 강력한 파워를 지니는 단어 가운데 하나가 '네트워크(network)'라고 가르쳐주셨습니다. 부자들은 네트워크를 찾고 구축하지만, 나머지 사람들은 대개 일자리나 찾습니다. 아무리 훌륭한 아이디어나 제품이 있다 해도 네트워크 없이는 무용지물입니다. 그것을 사람들에게 알릴 수 있는 네트워크와 판매를 위한 유통망이 있어야 성공할 수 있습니다.

오늘날 많은 네트워크 마케팅 회사들은 네트워크 마케팅이란 용어와 거리를 두려고 애쓴다. 그 용어가 부정적인 의미를 내포한다고 생각하기 때문이다. 하지만 로버트는 그렇게 생각하지 않는다. 로버트는 '네트워크'야말로 경제적 성공에 필수적인 핵심 요소라고 강조한다.

부자 아빠 시리즈의 두 번째 책인 『부자 아빠 가난한 아빠 2: 부자들이 들려주는 〈돈 관리〉 일곱 가지 방법』에서 로버트는 비즈니스 세계를 구성하는 네 가지 유형의 사람들과 그들의 핵심적인 가치 기준의 차이를 설명한다.

그가 제시하는 〈현금흐름 사분면〉에서 〈E〉는 '봉급 생활자', 〈S〉는 '자영업자' 혹은 '전문직 종사자', 〈B〉는 '사업가', 〈I〉는 '투자가'를 뜻한다. 각 사분면은 사람들이 돈을 버는 방식을 설명해 주고 있다.

▶ 현금흐름 사분면

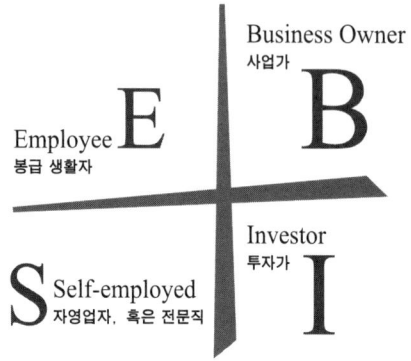

전통적인 학교에서는 돈을 벌기 위해 열심히 일하는 법을 가르치고, 봉급 생활자나 자영업자가 되도록 훈련시킨다. 사분면의 왼쪽편 사람이 되도록 교육하는 것이다. 하지만 로버트 기요사키의 책과 게임의 목적은, 사업과 돈이 당신을 위해 열심히 일하게 함으로써 당신이 사분면의 오른쪽에 속하는 사업가나 투자가가 되도록 훈련시키는 데에 있다. 로버트 기요사키가 네트워크 마케팅 사업을 지지하는 이유는, 그것이 〈B〉 사분면의 사업을 구축하는 데 도움을 주기 때문이다.

로버트는 사분면 왼쪽에 있는 봉급 생활자와 자영업자들이 '스스로 직접' 돈을 번다는 점을 지적한다. 이런 사람들은 개인 능력과 시간의 한계로 제한적인 돈밖에 벌 수 없다. 그들이 하루에 일에 투자할 수 있는 시간은 정해져 있다. 그러나 사분면 오른쪽에 있는 사람들은 팀으로 활동하며 자신만의 네트워크를 형성한다. 그리고 그들을 위해 일하는 '다른 사람들의 시간과 돈(OPT &

OPM)'을 기반으로 돈을 벌기 때문에 그들의 수입 잠재력은 무한하다.

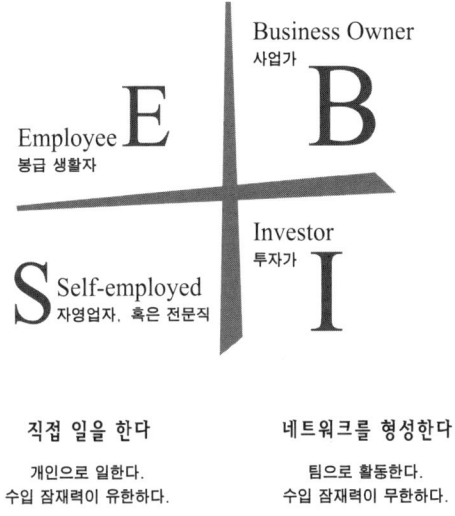

직접 일을 한다
개인으로 일한다.
수입 잠재력이 유한하다.

네트워크를 형성한다
팀으로 활동한다.
수입 잠재력이 무한하다.

'네트워크'란 단어의 의미를 잘 생각해 보라. 당신이 알고 있는 가장 성공적인 기업 몇 개를 떠올려 보라. 또 그들의 성공이 고객, 판매사원, 공급자 등으로 구성된 네트워크에 얼마나 큰 빚을 지고 있는지도 생각해 보라. 우리는 국영 TV 방송국들을 TV 네트워크라고 한다. 인터넷 역시 네트워크라 불린다.

분명히, 당신은 네트워크를 찾거나 구축함으로써 미래의 경제적 성공을 거머쥘 수 있다.

제1장
당신은 왜 그 사업을 추천합니까?

여전히 그가 네트워크 마케팅 사업을 하는 이유를 확실히 알지 못했지만 닫혔던 내 마음이 서서히 열리고 있었다. 그가 왜 그 사업을 하는지 알고 싶은 마음이 생기기 시작했다.

나는 이런 질문을 자주 받는다.

"당신은 네트워크 마케팅 사업 때문에 부자가 된 것도 아닌데, 왜 다른 사람에게 그 사업을 하라고 권합니까?"

여기에는 몇 가지 이유가 있으며, 물론 이 책에서 앞으로 상세히 설명할 것이다.

닫힌 마음

1970년대 중반 어느 날, 내 친구가 새로운 사업 기회에 관한 설명회에 나를 초대했다. 나는 평소 정기적으로 사업 및 투자 기회를 조사했기 때문에 흔쾌히 동의했다. 사업에 관한 설명회가 사무실이 아니라 개인 주택에서 열리는 게 다소 의아했지만 어쨌든 따라나섰다. 그 설명회가 네트워크 마케팅 세계에 대한 나의 첫 입문이었다.

세 시간 동안의 설명회가 끝나고 친구는 내게 그 사업 기회에 대해 어떻게 생각하느냐고 물었다. 나는 이렇게 대답했다.

"내용은 그런대로 흥미로웠지만 나에겐 안 맞는 것 같아."

내 친구는 큰 관심이 생기지 않는 이유를 내게 물었다. 나는 이렇게 대답했다.

"이미 내 사업을 갖고 있는데, 굳이 다른 사람들과 함께 사업을 구축할 필요가 있겠나? 게다가 나는 이런 네트워크 마케팅이 불법적인 피라미드 방식이라는 소문을 들은 적이 있네."

나는 친구가 더 말을 꺼내기 전에, 어두운 밤거리로 걸어 나가 차를 몰고 그곳을 떠났다. 내 마음은 닫혔고 더 이상 아무 말도 듣고 싶지 않았다. 네트워크 마케팅에 대한 내 생각이 바뀌거나 귀기울여 들을 마음이 생기려면 몇 년은 지나야 할 것 같았다.

1970년대 중반, 나는 내 생애 첫 번째 국제적인 사업을 기획하고 있었다. 그래서 낮에는 직장에서 일하고 나머지 시간에는 그 사업을 준비하느라 몹시 바빴다. 내가 구축하던 사업은 처음으로 나일론과 벨크로 서퍼 지갑을 만드는 제조업 및 마케팅 관련 사업이었다.

그 첫 번째 네트워크 마케팅 설명회 이후 얼마 지나지 않아, 내 나일론 스포츠 지갑 사업은 붐을 일으켰다. 2년 동안 열심히 준비하고 일한 결과 많은 수익을 올릴 수 있었다. 나와 두 명의 동업자에게 성공과 부, 명성이 한꺼번에 쏟아져 내리는 것 같았고, 30세가 되기 전에 백만장자가 된다는 목표까지 성취할 수 있을 것 같았다. 1970년대에는 백만 달러만 해도 엄청난 금액이었다. 여러 잡지를 통해 우리 회사와 제품이 소개되었다. 우리 제품은 스포츠 상품 업계에서 최고 인기 품목으로 급상승했으며 세계 각지에서 거래 제의가 쏟아져 들어왔다. 나의 첫 국제 사업은 상승세를 타고 질주했으며, 덕분에 그 후 약 15년 동안 나는 네트워크 마케팅을 잊고 지냈다.

마음의 변화

1990년대 초, 금융 지식과 탁월한 사업 수완을 지닌 내 친구 빌이 네트워크 마케팅 사업을 하고 있다고 말했다. 빌은 이미 부동산 투자로 막대한 돈을 벌었기 때문에 나는 그가 왜 네트워크 마케팅을 하는지 의아했다. 나는 그에게 물어보았다.

"빌, 자네가 왜 그 사업을 하나? 무슨 돈이 더 필요하다고?"

그러자 빌은 큰 소리로 웃으면서 말했다.

"자네도 알다시피 나는 돈 버는 것을 좋아하지. 하지만 돈이 필요해서 이 사업을 하는 것은 아니네. 내 재정 상태는 매우 건실하거든."

나는 그가 지난 2년 동안 10억 달러 이상의 가치가 있는 부동산 사업을 성공적으로 마무리했다는 것을 알고 있었기에, 그의 모호한 답변이 더욱 궁금해서 재촉하듯 물었다.

"그런데 왜 네트워크 마케팅 사업을 하느냔 말이야?"

"대개 '소비자 유통 사업(consumer distribution business)'이라고 한다네." 그가 대답했다. "이제는 네트워크 마케팅이라고 부르지 않아."

"어쨌든 말일세." 내가 대꾸했다. "뭐라고 부르던 간에, 하고많은 사람 중 왜 자네가 그런 사업을 하느냐 말일세."

빌은 한참 생각한 후 텍사스 특유의 느린 말투로 얘기하기 시작했다.

"수년 동안, 확실한 부동산 투자 정보를 알려 달라고 내게 요청하는 사람들이 많았지. 그들은 부동산에 투자해서 부자가 되는 방법을 알고 싶어 했다네. 그들은 나와 함께 투자할 수 있는지, 혹은 돈을 걸지 않고도 부동산을 가질 방법이 있는지 알고 싶어 했지."

나는 고개를 끄덕였다. "나도 똑같은 질문을 받는다네."

"문제는……." 빌은 말을 이었다. "대개 그런 사람들은 내 투자 규모에 맞출 수 있을 만큼 충분한 여유 자본이 없다는 점이야. 그들이 종종 현금을 걸지 않는 거래를 원하는 이유는 돈이 없기 때문이지. 다시 말해, 내 거래에 참여할 만큼 충분한 자본이 없거나, 현금으로 선뜻 내놓을 자본이 없는 거야."

"자네 말은 그들에게 돈이 전혀 없거나, 설령 돈이 있다 해도 자네 투자에 합류할 만큼 충분한 부자가 아니라는 의미인가?" 내가 말했다.

빌이 끄덕였다. "그뿐이 아니야. 만일 소액을 갖고 있다고 해도, 그 돈은 자기들 생활을 지탱해 줄 돈이므로 잃게 될까 봐 무척 두려워하거든. 자네도 알다시피, 잃게 될까 봐 두려워하는 사람은 실제로 잃게 되는 경우가 흔하지."

빌과 몇 분 더 얘기를 나눈 후, 나는 급히 공항으로 달려갔다. 여전히 그가 네트워크 마케팅 사업을 하는 이유를 확실히 알지 못했지만 닫혔던 내 마음이 서서히 열리고 있었다. 그가 왜 네트워크 마케팅 사업, 아니 (그의 표현을 빌자면) 소비자 유통 사업을 하는지 알고 싶은 마음이 생기기 시작한 것이다.

그 후 수개월에 걸쳐 나는 빌과 대화를 나눴다. 그리고 그가 네트워크 마케팅 사업을 하는 이유를 차츰 이해하기 시작했다. 그 이유는 다음과 같았다.

첫째, 그는 사람들을 돕고 싶어 했다. 이것이 그가 네트워크 마케팅 사업을 하는 주된 이유였다. 그는 상당한 부자이지만, 욕심이 많거나 교만한 사람이 아니었다.

둘째, 그는 자기 자신을 돕고 싶어 했다. "부자가 아니라면 나와 함께 투자할 수 없다네. 많은 사람들이 부자가 될 수 있게 도울수록, 내게는 더 많은 투자자가 생긴다는 사실을 깨달았지." 빌은 말을 이었다. "참으로 역설적이지 않나? 다른 사람들이 사업을 구축하여 부자가 되게끔 도와줄수록, 내 사업은 성장하고 나 역시 더 부자가 된다는 사실 말일세. 현재 내 소비자 유통 사업은 번창하고 있네. 투자자도 늘어났고, 투자할 수 있는 자본도 더 불어났지. 일종의 윈윈(win-win) 전략인 셈이지. 그 때문에 지난 몇 년간 훨씬 더 큰 규모의 부동산 사업에 투자할 수 있었다네. 소규모 부동산 거래로는 큰 부자가 되기 어렵지. 그렇게 할 수도 있지만, 만일 돈이 많지 않다면 결국 돈 있는 사람들과 '큰 건'을 성사시키긴 힘들단 얘기야."

셋째, 그는 가르치고 배우는 것을 좋아한다. "나는 배우고 싶어 하는 사람들과 같이 일하기를 좋아해. 자신이 모든 걸 안다고 생각하는 사람과 일하면 상당히 피곤하지. 실제로 부동산 투자 세계에는 그런 사람들이 많지. 모든 답을 안다고 생각하는 사람과 같이 일하는 건 정말 힘들지. 하지만 네트워크 마케팅 사업에 참여하는 사람들은 다르다네. 뭔가 새로운 해법을 찾고 있기 때문에, 기꺼이 배울 자세가 되어 있지. 나는 가르치고 배우는 게 좋아. 또 끊임없이 배움에 흥미를 갖고 자극받는 사람들과 새로운 아이디어를 공유하는 것도 무척 즐겁다네. 자네도 알다시피 나는 CPA 자격증과 금융 분야 MBA를 갖고 있잖아. 이 사업을 통해 내가 알고 있는 지식을 다른 이들에게 가르치며, 나 역시 그들과 더불어 배울 수 있다네. 상당수 사람들이 배경은 서로 다르지만, 대부분 고학력에 무척 똑똑하다는 걸 알면 자네도 놀랄 걸세. 요즘은 '안정적인 직장'이란 개념이 희박해졌기 때문에, 정식 교육을 받은 적은 없지만 경제적 안정을 얻는 데 필요한 교육을 받으러 오는 사람들이 많다. 우리는 함께 모여서 각자의 경험을 통해 이미 알고 있는 것과, 새로 배우는 것을 공유한다네. 무엇보다도, 나는 가르치고 배우는 일이 정말 즐거워. 그래서 내가 이 사업을 좋아하는 거야. 네트워크 마케팅은 훌륭한 사업이자, 실생활을 가르치는 '비즈니스 스쿨'이라네."

드디어 마음이 열리다

빌을 만났던 1990년대 초부터 내 마음이 열리면서, 네트워크 마케팅 사업에 대한 내 견해가 변하기 시작했다. 닫힌 마음으로는 볼 수 없었던 것들이 보이기 시작했다. 이 사업의 부정적인 면보다는 긍정적인 면을 보기 시작한 것이다. 거기엔 분명히 부정적인 측면이 있다. 하지만 세상 모든 일에는 부정적인 면이 있기 마련이지 않은가.

나는 1994년에 47세의 나이로 은퇴한 후 경제적으로 자유로워졌고, 네트워크 마케팅 사업을 나름대로 연구하기 시작했다. 누군가로부터 사업 설명회에 초대받을 때마다, 일단 무슨 얘기를 하는지 들어보려고 언제든 따라갔다. 설명회 내용이 맘에 들면 그 회사에 가입하기도 했다. 반드시 돈을 더 벌겠다는 욕심이 있어서는 아니었다. 단지 각각의 사업이 지닌 긍정적인 면과 부정적인 면을 오랫동안 면밀히 살펴보기 위해서였다. 그냥 마음을 닫아놓는 대신, 나만의 해답을 찾고 싶었다.

나 역시 몇몇 사업들을 살펴본 후, 대부분의 사람들이 처음에 느끼는 부정적인 면을 발견했다. 처음 발을 들여놓자마자 이 사업을 촉진시키겠다며 열성적으로 선전하는 '이상한(?)' 사람들의 모습 말이다. 실제로 많은 공상가나 노름꾼, 실패자, 그리고 일확천금을 꿈꾸는 사기꾼들이 이 사업에 매혹된다. 네트워크 마케팅 사업이 누구나 가입할 수 있는 개방 정책을 표방하는 점은 분명 큰 매력이다. 이런 개방 정책은 대부분의 사회주의자들이 부르짖는 공정하고 동등한 기회를 제공한다. 하지만 나는 이 사업에서 철저한 사회주의자를 한 명도 만나보지 못했다. 네트워크 마케팅 사업은 자본주의자 혹은 적어도 자본주의자가 되기를 바라는 사람들을 위한 것이다.

나는 열렬한 추종자와 사기꾼, 공상가들을 겪어본 후, 마침내

이 사업의 지도자들을 직접 만나 보았다. 그들은 내가 비즈니스 인생에서 만난 이들 가운데 가장 지적이고, 친절하며, 도덕적이고, 전문적인 사람들이었다. 일단 나의 편견을 극복한 뒤, 존경할 만한 관계자들을 만나 보니 이 사업의 핵심을 파악할 수 있었다. 전에 보이지 않던 무언가가 보이기 시작했다. 이제는 좋은 점과 나쁜 점을 함께 볼 수 있게 된 것이다.

요컨대, 이 책은 다음과 같은 질문에 답하기 위한 것이다.

"당신은 네트워크 마케팅 사업 때문에 부자가 된 것도 아닌데, 왜 다른 사람에게 그 사업을 하라고 권합니까?"

바로 그게 이유다. 네트워크 마케팅 사업으로 큰돈을 벌지 않았기 때문에, 나는 이 사업에 관해 좀 더 객관적인 시각을 가질 수 있다. 나는 이 책에서 네트워크 마케팅에서 발견한 '진정한 가치'들을 설명할 것이다. 그 가치는 엄청난 돈을 벌 수 있는 잠재력 이상의 그 무엇이다. 내 부자 아빠가 한 말은 옳다.

"부자들은 네트워크를 찾고 구축하지만, 나머지 사람들은 대개 일자리나 찾는다."

물론 네트워크 마케팅이 모든 이들을 위한 것은 아니다. 하지만 오늘날 이 사업은 강력한 경제적 파워를 갖고 계속 성장하고 있다. 앞으로 자기 사업을 하기 원하는 사람, 또 자신의 경제적 미래에 관심을 가진 사람이면 반드시 네트워크 마케팅 사업을 객관적인 시각으로 살펴볼 필요가 있다.

제2장
네트워크 마케팅의 첫 번째 가치
삶을 변화시키는 교육 시스템을 갖고 있다

다른 곳에서는 받을 수 없는
최고의 살아 있는 비즈니스 교육을 받아야 한다.

돈 때문이 아니다

"우리에게는 최고의 보상 계획이 있습니다."

내가 네트워크 마케팅 회사들을 조사할 때 자주 들었던 말이다. 자신들의 사업이 제공하는 기회를 알려주고 싶어 안달인 사람들은, 네트워크 마케팅 사업으로 한 달에 수십만 달러씩 벌어들인 사례를 들려주곤 했다. 나 역시 그처럼 매달 엄청난 돈을 버는 사람들을 실제로 만난 적이 있다. 그렇기 때문에 나는 네트워크 마케팅 사업이 지닌 막대한 수입 잠재력을 의심하지 않는다.

대다수 사람들이 많은 돈을 벌 수 있다는 유혹에 이끌려 이 사업을 시작한다. 그러나 나는 단지 돈 때문에 네트워크 마케팅 사업을 살펴 보라고 권고하진 않는다.

제품 때문도 아니다

"우리는 최고 품질의 제품을 제공합니다."

이 말은 네트워크 마케팅 업계 사람들이 돈 다음으로 강조하는 이점이었다. 나는 네트워크 마케팅 회사들을 조사하면서 매우 다양한 종류의 제품과 서비스들이 제공된다는 사실을 알고 적잖이 놀랐다.

내가 1970년대에 알아본 첫 번째 네트워크 마케팅 회사는 비타민을 판매했다. 직접 그 비타민을 복용해 봤는데 상당히 훌륭한 제품이었다. 지금도 나는 그 비타민 제품을 복용하고 있다. 나는 꾸준히 조사를 하면서 네트워크 마케팅 사업이 주로 아래와 같은 상품을 취급한다는 것을 알았다.

—— 가정용 의료 제품
—— 전화 서비스
—— 부동산
—— 금융 서비스
—— 인터넷 웹사이트
—— 인터넷 시장 유통 – 월마트와 K마트가 취급하는 거의 모든 제품을 할인 판매한다.

—— 건강 관리 제품
—— 귀금속
—— 세금 관련 업무 서비스
—— 교육용 장난감

이 밖에도 많이 있다. 나는 적어도 한 달에 한 번 정도는 신제품이나 획기적인 보상 계획을 들고 나오는 새로운 네트워크 마케팅 회사의 소식을 접한다. 나는 그들이 제공하는 제품이나 서비스가 맘에 들면 그 회사에 가입하기도 한다. 그러나 내가 사람들에게 네트워크 마케팅 사업을 알아보라고 권하는 중요한 이유는 품질 좋은 제품이나 보상 계획 때문이 아니다.

중요한 건 교육 시스템이다

내가 네트워크 마케팅 사업을 권장하는 가장 중요한 이유는 바로 교육 시스템 때문이다.

먼저 보상 계획과 제품을 검토해 본 뒤, 그 회사가 당신을 훈련시키고 교육시키는 데 진정으로 관심을 갖고 있는지 알기 위해 회사 핵심부를 면밀히 살펴볼 필요가 있다. 그러자면 세 시간 동안 구매 권유를 듣거나 화려한 제품 카탈로그를 살펴보는 일보다 분명 시간이 많이 걸릴 것이다. 하지만 어쩔 수 없다. 얼마나 훌륭한 교육 시스템을 갖추고 있는지 알아보려면 점잖게 소파에만 앉아 있으면 안 된다. 시간을 투자해서 그 회사의 교육 프로그램과 공식

회합에 직접 참여해야 한다. 처음 설명회에서 들은 내용이 맘에 들면 좀 더 시간을 내어 교육과 훈련을 담당하는 사람들을 직접 만나 보라. 나는 실제로 그렇게 했고, 그 과정에서 알게 된 사실은 내게 적지 않은 인상을 주었다.

단, 신중하게 살펴봐야 한다. 대부분 네트워크 마케팅 회사들은 자기들이야말로 누구보다 훌륭한 교육 계획을 갖고 있다고 주장하기 때문이다. 하지만 '실제로' 훌륭한 교육 시스템을 갖춘 회사는 많지 않다. 내가 조사한 대부분의 경우, 교육 방법이란 고작해야 권장 도서 몇 권을 추천하는 것뿐이었다. 게다가 친구나 가족을 끌어오도록 교육시키는 데만 초점을 두었다. 다시 말해, 회사의 제품을 더 잘 팔고 시스템을 더 잘 선전하는 사람이 되게끔 교육할 뿐이었다.

그러므로 시간을 들여 충분히 살펴보라. 매우 훌륭한 교육과 훈련 시스템을 갖고 있는 네트워크 마케팅 회사가 많기 때문이다. 다른 곳에서는 받을 수 없는 최고의 살아 있는 비즈니스 훈련을 받을 수 있다고 장담한다.

교육 시스템을 통해 무엇을 얻을 수 있는가

당신이 내 이전 책들을 읽어보았다면, 내가 교육자 집안 출신이란 사실을 알고 있을 것이다. 내 아버지는 하와이 주 교육감이었다. 나는 교육자 집안 출신이었지만 전통적인 교육 방식을 싫어했다. 연방의원의 추천을 받아 뉴욕의 명망 높은 군사 학교에 입학했고, 이공계 학사 학위를 취득했지만 전통적인 교육 세계는 내게 따분하기만 했다. 마지못해 학생으로서의 직분을 수행하고 졸업했을 뿐, 공부하는 내용에 대해 진심으로 흥미나 도전을 느껴본 적이 거의 없다.

대학을 졸업한 후 해병대에 입대했고 플로리다 주 펜사콜라에서 미 해군 비행 프로그램에 합류했다. 당시는 베트남 전쟁 중이었으므로 조종사들을 계속 양성해야 할 필요성이 절실했다.

훈련 조종사였던 나는 그곳에서 매우 흥미롭고 도전적인 교육 유형을 체험했다. 우리 교육생들은 '애벌레에서 나비로!'라는 상투적인 표현을 자주 들었다. 그 말은 비행 학교를 성공적으로 마친 이들을 나타내는 표현이었다. 비행 학교에 입학할 당시, 나는 이미 군사 학교를 졸업한 장교였다. 하지만 다른 대부분의 학생들은 일반 대학을 갓 나온 이들로서, 말하자면 '애벌레'와 비슷했다. 당시에는 히피 문화가 유행했기 때문에 꽤나 특이한 복장을 한 친구들도 간간이 눈에 띄었다. 그들은 삶을 변화시키는 교육 프로그램을 감내할 준비를 갖추고 그 자리에 섰다. 2, 3년 동안 훈련을 잘 견뎌 내면 '나비' 즉, 세상에서 가장 거칠고 혹독한 비행을 충분히 감당할 수 있는 비행사로 변신하는 것이다.

톰 크루즈 주연의 영화 「탑 건(Top Gun)」은 나비가 되는 애벌레에 관한 최고의 영화였다. 나도 베트남으로 떠나기 얼마 전 탑 건 학교가 있는 캘리포니아 주 샌디에이고에 머무른 적이 있다. 나는 그 이름난 학교에 입학할 수 있을 만큼 뛰어난 조종사는 아니었다. 하지만 우리가 참전 준비 과정에서 느낀 열정과 자신감은 그 영화에 나온 젊은 비행사들의 그것 못지않았다. 마침내, 제대로 날지 못하는 초라한 젊은이였던 우리는 대부분의 사람들이 피하는 도전에 당당히 맞설 태세를 갖춘 조종사로 변모했다. 나를 비롯한 훈련 조종사들에게 일어난 변화야말로 '삶을 변화시키는 교육'에서 비롯된 것이었다. 비행 학교를 마친 후 나는 베트남으로 떠났다. 내 인생은 결코 예전과 같은 모습이 아니었으며, 이제 나는 비행 학교에 입학했을 때의 내가 아니었다.

비행 학교를 마치고 몇 년이 흐른 후, 내 동기들 가운데 상당수는 매우 잘 나가는 사업가가 되었다. 가끔 모여 옛날 참전 경험을 얘기할 때면, 오늘날 우리의 사업 성공에 엄청난 영향을 미친 것으로 비행 학교에서 받은 훈련을 꼽곤 한다.

내가 말하는 '삶을 변화시키는 비즈니스 교육'은 바로 그런 것이다. 애벌레를 나비로 변신시킬 정도로 강력하고 효과적인 교육 말이다. 당신이 네트워크 마케팅 사업의 교육 계획을 살펴볼 때는, 당신 삶에 그러한 변화를 가져다줄 수 있는 파워를 지닌 교육 계획을 선택하길 바란다.

하지만 한 가지 말해 두고 싶은 점이 있다. 즉, 비행 학교와 마찬가지로 모든 사람이 그 프로그램을 성공적으로 끝마칠 수 있는 건 아니라는 사실이다.

삶을 변화시키는 비즈니스 스쿨

비행 학교는 매우 훌륭했다. 특히 베트남 전쟁에서 막 돌아온 비행사들이 직접 우리를 훈련시켰기 때문이다. 그들은 실제로 겪은 생생한 경험담을 들려주었다. 하지만 내가 기존의 비즈니스 스쿨에서 느꼈던 문제 가운데 하나는 대부분의 교사들이 현장 경험이 없다는 것이었다. 네트워크 마케팅 업계에서는 실제 사업에서 최고 자리에 오르지 못한 사람은 최고 위치에서 가르치는 사람이 될 수 없다. 전통적인 비즈니스 스쿨에서는 반드시 실제로 사업에 성공한 사람이 사업을 가르치는 게 아니다. 바로 그러한 이유로, 전통적인 비즈니스계의 교육자들은 네트워크 마케팅 업계의 교육자만큼 많은 돈을 벌지 못한다.

따라서 네트워크 마케팅 사업을 살펴볼 때는 최고 위치에 있는 사람들, 즉 성공적으로 사업을 이끌고 있는 사람들을 찾아야 한다. 그리고 그들로부터 무엇을 배우고 싶은지 스스로 자문해 봐야 한다.

네트워크 마케팅 회사가 교육하는 핵심적인 실생활 비즈니스 주제는 다음과 같다.

— 성공에 대한 태도
— 리더십 기술
— 커뮤니케이션 기술
— 사람 관리 능력
— 두려움, 의심 그리고 자신감 결여의 극복
— 거절에 대한 두려움의 극복
— 돈 관리 기술
— 투자 기술
— 책임 능력
— 시간 관리 기술

—목표 설정
　　—체계화

　네트워크 마케팅에서 성공을 거두는 사람들은 대개 네트워크 마케팅 교육 프로그램을 통해 위와 같은 기술과 능력을 개발하는 사람들이다. 설사 당신이 네트워크 마케팅 시스템의 최고 위치에 오르지 못하거나 엄청난 돈을 벌지 못한다 하더라도, 그러한 교육 과정은 당신의 인생에 있어 큰 가치를 지닐 것이다. 훌륭한 교육은 언제나 전반적인 삶의 질을 높여주기 때문이다.

그렇다면 삶을 변화시키는 교육이란 무엇인가

　다음 페이지에 나오는 그림은 '삶을 변화시키는 교육'의 의미를 알기 쉽게 설명하고자 만든 것이다. 이 그림이 사면체임에 주목하자. 피라미드 모양으로 잘 알려진 사면체이다. 이집트의 피라미드는 수십 세기가 지난 지금까지도 건재하다. 이는 사면체가 상당히 견고하고 안정적인 구조라는 의미다. 수세기 동안 학자들은 만물과 우주의 법칙이 '4'라는 숫자를 중심으로 움직인다고 믿었다. 그 때문에 자연계에는 봄, 여름, 가을, 겨울의 사 계절이 존재한다는 것이다. 또 점성학에서는 물, 불, 바람, 흙의 네 요소를 우주 구성의 근본 원리로 본다.
　내가 말하는 '삶을 변화시키는 교육'도 역시 숫자 '4'와 관련된다. 다시 말해, 삶을 변화시키는 교육이 효과를 나타내려면 학습 피라미드의 네 개 꼭짓점 모두와 관련을 맺어야 한다.

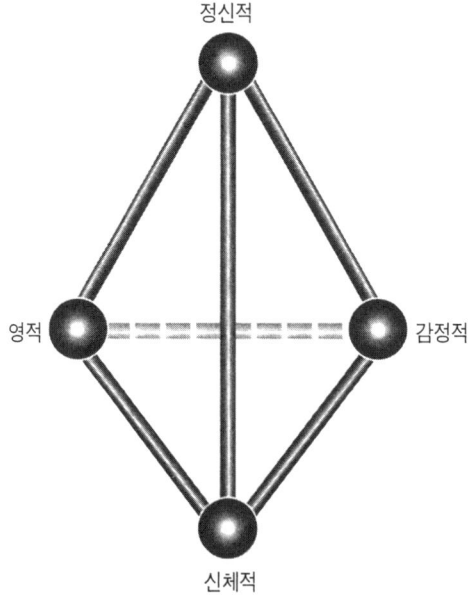

 전통적 교육은 주로 정신적 교육에 초점을 둔다. 즉 읽기, 쓰기, 셈하기 같은 중요한 기술들을 가르친다. 이것들은 인지적 기술이라고도 한다. 내가 전통적 교육을 좋아하지 않는 이유는, 전통적 교육이 감정적, 신체적, 영적 측면에 영향을 끼치는 방식 때문이다. 이제 각각의 측면을 개별적으로 검토해 보자.

1. 감정적 교육(Emotional Education)

전통적 교육은 두려움이란 감정을 먹이로 삼는다. 실수에 대한 두려움은 곧 실패에 대한 두려움에까지 이르며, 이런 점 때문에 나는 전통적 교육에 불만을 품고 있다. 선생님은 내게 배우려는 의욕을 고취시키기보다는, 실패에 대한 두려움을 이용해 다음과 같이 자극했다. "좋은 성적을 받지 못하면 봉급을 많이 받는 직장에 들어가지 못할 것이다."

그리고 실수를 하면 그에 대한 처벌이 뒤따랐다. 실수를 두려워하도록 감정적으로 학습시키는 것이다. 하지만 실제로 앞서 가는 사람들은 많은 실수를 하고 그 실수를 통해 끊임없이 배워나가는 이들이다.

교사였던 나의 가난한 아빠는 실수는 죄악이라고 생각했다. 반면 나의 부자 아빠는 "누구나 실수를 통해서 배우는 거란다. 자전거 타는 법을 배울 때, 떨어지고 다시 올라타고, 또 떨어지고 다시 올라타고…… 그런 과정을 되풀이하면서 배우듯이 말이다. 실수를 하고도 그것을 통해 배우지 못하는 것이야말로 죄악이란다."라고 말씀하셨다.

부자 아빠는 또 이렇게 말했다.

"사람들이 실수를 한 후 거짓말을 하는 건, 자신의 실수를 인정하는 것을 두려워하기 때문이다. 그래서 결국 배우고 성장할 수 있는 기회를 놓치는 셈이지. 실수를 하되 자신의 잘못을 다른 사람 탓으로 돌리지 않고, 정당화하거나 변명하지 말아야 진정 중요한 걸 배울 수 있단다. 실수를 하고도 인정하지 않거나, 다른 사람 탓으로 돌리는 것이야말로 죄악이란다."

전통적인 사업 세계에서는 대개 실수에 대해 그러한 태도를 취한다. 즉 실수를 하면 벌을 받거나, 혹은 해고될 때도 있다. 그러나 네트워크 마케팅 세계에서는 당신이 실수를 하고, 다시 바로잡고, 그럼으로써 정신적, 감정적으로 더욱 현명해지도록 격려한다. 일반 회사에서 판매 실적을 올리지 못하는 직원은 쫓겨난다. 하지만 네트워크 마케팅 세계의 리더는 실적이 좋지 않은 사원을 해고하지 않는다. 오히려 그들과 더불어 일하며 그들의 능력을 보다 향상시키는 데 주력한다. 만일 자전거를 탈 때 넘어지는 것에 대해 벌을 받거나 낙제점을 받는다면, 어느 누가 자전거 타는 법을 배우려고 선뜻 나서겠는가.

나는 다른 사람들보다 더 많은 실패를 경험했기 때문에 그들보다 더 큰 경제적 성공을 거두었다고 생각한다. 다시 말해, 실수는 나쁜 것이고 혹은 바보라서 그렇다고 배운 사람들보다, 실수를 많이 했기 때문에 앞서 나갈 수 있었다는 얘기다. 네트워크 마케팅에서는 당신이 실수하고, 그것을 교정하고, 나아가 성장하도록 격려한다. 바로 그것이 삶을 변화시키는 교육 방식, 즉 전통적 교육과 반대되는 방식이다.

만약 당신이 실수와 실패를 두려워한다면 네트워크 마케팅이야말로 꼭 맞는 사업이다. 나는 자신감을 불어넣고 회복시켜 주는 네트워크 마케팅 훈련 프로그램을 직접 목격했다. 일단 자신감이 커지면 당신의 삶은 눈에 띄게 변화하기 시작한다.

2. 신체적 교육(Physical Education)

　간단히 말해, 실수를 두려워하는 사람은 행동하지 않기 때문에 배울 수가 없다. 학습은 정신적 과정뿐 아니라 신체적 과정도 수반한다. 테니스 치는 법과 마찬가지로 읽기와 쓰기도 신체적 과정을 포함한다. 만일 모든 정답을 알고 실수하지 않도록 정해져 있다면, 당신의 교육 과정에는 문제가 생길 가능성이 높다. 새로운 시도를 두려워하는데 어떻게 발전할 수 있겠는가?
　내가 연구한 네트워크 마케팅 회사들은 하나같이 정신적 학습뿐 아니라 신체적 학습도 장려한다. 밖에 나가 직접 행동하고, 실수를 하고, 그 실수에서 배우도록 격려한다. 아울러 그러한 과정을 통해 정신적, 감정적, 신체적으로 더 강해져 두려움과 맞서게 한다.
　전통적 교육은 정확한 사실을 배우도록 장려하고, 실수를 두려워하게끔 감정적으로 학습시킨다. 그러면 당연히 행동에 제한을 받기 마련이다. 하지만 두려움에 휩싸여 사는 것은 정신적, 감정적, 신체적으로 그리고 재정적으로도 바람직하지 않다.
　앞서 말했듯이 내가 돈을 많이 번 이유는 학식이 높아서가 아니다. 많은 실수를 했고 그 실수를 인정했으며 그것을 통해 교훈을 얻었기 때문이다. 그 후에도 끊임없이 실수를 했다. 그리고 앞으로도 더 많은 실수를 하고 싶다. 하지만 대부분의 사람들은 다시 잘못을 저지르지 않으려고 노력한다. 그렇기 때문에 그들과 나의 미래는 다른 모습일 수밖에 없다. 새로운 것에 도전하지 않고 뒤로 물러서며 실수를 저지르는 위험을 애써 피한다면, 또 그 실수에서 배우려고 하지 않는다면, 당신의 미래는 영원히 개선될 수 없다.

최고의 네트워크 마케팅 회사는 직원들이 정신적으로 새로운 것을 배우고, 행동하며, 실수를 하면서 배우고 교정하는 과정을 반복하도록 격려한다. 그것이 바로 실생활 교육이다.

실수가 두렵긴 하지만 삶에 뭔가 변화가 필요하다고 생각하는가? 그렇다면 네트워크 마케팅 프로그램이 당신의 장기적 개인 발전을 위해 특별한 역할을 해줄 수 있다. 견실한 네트워크 마케팅 회사는 당신의 손을 잡고 두려움과 실패를 넘어서는 삶으로 인도해 준다. 당신이 손잡는 것조차 원치 않는데, 구태여 다가와 당신의 손을 잡으려고 애쓰는 회사는 없다.

3. 영적 교육(Spiritual Education)

먼저, 이 민감하고 감정적인 주제를 언급하기 전에 한 가지 내 개인적인 견해를 밝혀야 할 것 같다. 내가 사용하는 '영적(spiritual)'이란 단어는 '종교적(religious)'이란 표현과 반드시 같은 의미를 갖는 게 아니다. 나는 훌륭한 네트워크 마케팅 회사와 나쁜 네트워크 마케팅 회사가 있듯이, 훌륭한 종교 단체와 나쁜 종교 단체가 있다고 생각한다. 구체적으로 말하면, 나는 사람을 영적으로 강화시키는 종교 단체도 보았고 약화시키는 종교 단체도 보았다.

따라서 내가 말하는 '영적 교육'에는 종교적인 측면이 포함될 수도 있고 그렇지 않을 수도 있다. 그리고 특정 종파와 관련이 없음은 물론이다. 종교에 관해서라면, 나는 종교 선택의 자유를 인정하는 헌법을 지지하는 사람이다.

　이런 주제에 관해 조심스럽게 언급하는 이유는, 어릴 때부터 "종교, 정치, 섹스, 돈에 대해선 논하면 안 된다."라는 말을 들어왔기 때문이다. 그런 주제는 격분하거나 감정에 휘말리기 쉽기 마련이다. 나 역시 그 말에 동의한다. 내가 의도하는 바는 당신이 갖고 있는 개인적인 감정이나 믿음에 해를 끼치려는 것이 아니라, 그런 감정과 믿음을 가질 권리를 지지하려는 것이다.

인간의 한계를 넘어서다

　내가 말하는 '영혼(spirit)'이란 인간의 정신적, 감정적, 신체적 한계, 즉 인간의 상태를 규정짓는 한계를 뛰어넘는 힘이다.

　베트남 참전 당시, 부상을 당해 자신이 죽어가는 것을 알면서도 끝까지 싸워서 다른 전우를 살리는 젊은이들을 목격한 적이 있다. 베트남전 내내 적진 바로 가까이에서 싸웠던 초등학교 동창은 이렇게 말했다.

　"내가 오늘날 살아 있는 건 전우들이 죽어가면서도 끝까지 싸웠기 때문이야." 그는 말을 이었다. "나 혼자 살아 남은 전투가 두 번이나 있었어. 친구들이 목숨을 바친 덕분에 자신이 살아 남았다는 걸 깨달으면, 분명히 인생은 변화한다네."

　전투가 있기 전날 밤이면, 나는 으레 항공모함 위에 조용히 앉아 있곤 했다. 발 아래에는 파도가 철썩이고, 오랜 적막이 흐르는 가운데 내 영혼은 평안해졌다. 아침이면 한 발짝 앞에 다가와 있는 죽음과 다시 맞서야 함을 잘 알고 있었다.

그러던 어느 날 밤, 문득 무언가를 깨달았다. 다음 날 죽는 것이 그 고통의 시간에서 탈출할 수 있는 쉬운 방법임을 알았던 것이다. 사는 것이 죽는 것보다 이래저래 훨씬 더 어렵다는 생각이 들었다. 일단 삶과 죽음에 대해 마음을 편히 갖고 나자 다음 날을 어떻게 살아야 할지 선택할 수 있었다. 용기를 갖고 비행할 것인가, 아니면 두려움에 떨며 비행할 것인가? 일단 결정을 내리자 결과에 상관없이 내가 가진 능력을 다해 힘껏 싸우도록 나의 영혼을 일깨울 수 있었다.

전쟁은 말할 수 없이 무서운 것이다. 전쟁은 사람들로 하여금 다른 인간에게 끔찍한 짓을 저지르도록 몰아간다. 그러나 나는 전시에 최고의 인간애를 목격했다. 한계를 훌쩍 뛰어넘는 인간의 능력을 자각한 것도 전쟁터에서였다. 우리 모두가 그런 능력을 갖고 있다. 당신 역시 마찬가지다.

이런 능력을 체험하기 위해 전쟁터로 달려갈 필요가 없다는 것은 참으로 다행한 일이다. 나는 언젠가 장애 청소년들의 육상 경기를 관람한 적이 있다. 그리고 한계를 뛰어넘는 영혼을 목격하고 큰 감동을 받았다. 100미터 달리기에서 의족을 단 아이들이 결승점을 향해 있는 힘껏 달리는 모습은 내 영혼을 울렸다. 한 소녀가 하나뿐인 다리로 전력을 다해 달리는 장면을 보고, 나도 모르게 눈물을 흘리고 말았다. 소녀의 얼굴에는 의족 때문에 느끼는 고통이 역력했지만 그녀의 육체적 고통은 정신력에 비교할 바가 아니었다. 비록 경기에서 승리하지는 못했지만 그녀는 내 마음을 사로잡았다. 그녀는 내 영혼을 감동시켰고, 잊고 지내던 것을 마음속에 불러일으켰다. 나는 그 청소년들이 비단 자신 스스로를 위해서만이 아니라 우리 모두를 위해서 달렸다는 것을 깨달았다. 우리 내면에 잠자고 있는 잠재력을 일깨우기 위해 달린 것이다.

우리는 종종 영화 속에서 위대한 인간의 영혼을 목격한다. 영화 「브레이브 하트」에서 멜 깁슨은 스코틀랜드 농민 무리를 이끌었다. 그는 강력한 영국 군대와 맞닥뜨리고 잔뜩 겁에 질린 농부들을 향해 영혼으로부터 우러나오는 고함을 지른다.

"저들이 우리를 죽일 수는 있지만, 우리의 자유마저 빼앗을 수는 없습니다!"

이 말은 그의 정신과 영혼 깊숙한 곳에서 솟아오른 것이다. 그리고 농민들의 영혼을 감동시킴으로써 부족한 기술과 열등한 무기 때문에 생긴 두려움과 의심을 떨쳐버릴 수 있게 했다. 그는 세계에서 가장 강력한 군대에 맞서 돌진하도록 사람들의 영혼에 불을 붙였다.

나는 네트워크 마케팅 업계에서 성공한 리더들이 이처럼 인간의 영혼을 향해 말하는 능력을 개발하도록 단련되어 있음을 발견했다. 그 리더들은 자신을 따르는 사람들 내면에 숨겨진 위대함을 발현시키고 고무함으로써, 그들이 한계를 넘어서도록 만드는 능력을 갖고 있다. 이것이 바로 삶을 변화시키는 교육의 힘이다.

다음 페이지에 나오는 학습 피라미드를 잘 들여다보라. 사람들이 감정적, 혹은 정신적으로가 아니라 영혼의 감동을 받을 때 어떤 변화가 생기는지 알 수 있을 것이다.

정신적 커뮤니케이션

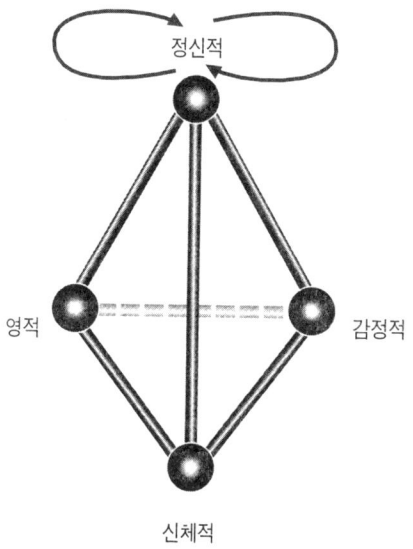

단순히 정신적인 가르침만으로는 커다란 변화를 기대할 수 없다. 사람들은 이렇게 말한다. "다음 주부터는 살을 뺄 거야." 하지만 그 이후에도 체중은 계속 늘어난다. 또 이렇게도 말한다. "다음 달에 사원을 더 모집해서 판매량을 늘릴 계획입니다.", "다음 달 봉급을 받으면 저축을 시작할 겁니다." 등등. 하지만 그런 말들은 단지 머릿속의 활동에 불과하기 때문에 아무 변화도 생기지 않는다. 대개의 경우 실제적인 변화를 위해서는 사면체의 네 꼭짓점 모두가 필요하다.

감정적 커뮤니케이션

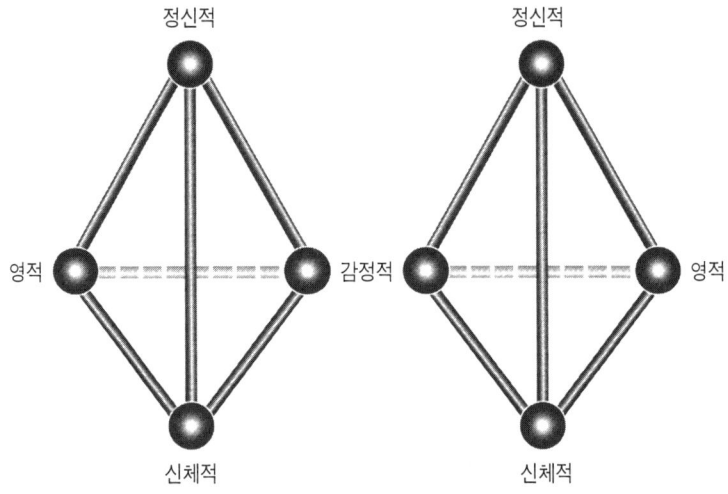

감정적 커뮤니케이션은 센틱(sentic) 커뮤니케이션이라고도 한다. 이는 단순한 말 이상의 감정을 나누는 것을 뜻한다. 예를 들면, 우리는 어떤 방에 들어 갔을 때 우리에게 화가 난 사람이 한마디도 하지 않아도 그가 우리에게 화가 나 있다는 것을 느낄 수 있다. 센틱 커뮤니케이션은 진동하는 두 개의 소리굽쇠(tuning fork: 균질인 강철 막대를 U자형으로 구부리고, 구부러진 중앙부에 자루를 단 발음체: 옮긴이)와 흡사하다. 진동수가 같은 두 개의 소리굽쇠를 책상에 올려놓고, 하나를 진동시키면 곧 다른 소리굽쇠도 진동하기 시작한다. 우리는 뭔가에 두려움을 느끼면, 두려움이 많은 다른 사람이나 두려워하는 사람을 보고 즐거워하는 다른 사람을 끌어들이기 마련이다. 내가 어렸을 때, 친구들은 종종 이런 말을 했다. "걔는 왠지 느낌이 안 좋아." 그것이 바로 센틱, 즉 감정적 커뮤니케이션의 한 예이다.

훌륭한 교육 계획을 가진 네트워크 마케팅 회사를 통해 얻을 수 있는 위대한 가치는, 바로 자신의 감정적 한계를 극복하고 영혼으로 말할 수 있는 능력이다.

신체적 커뮤니케이션

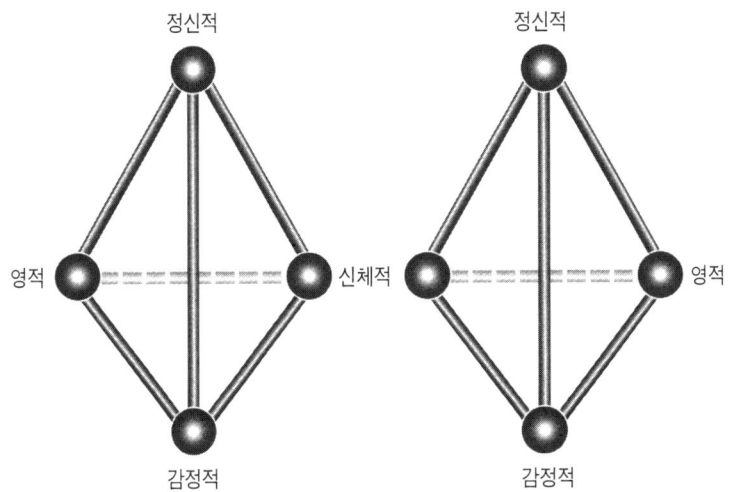

누구나 신체적으로 끌리는 사람을 만나본 적이 있을 것이다. 또 반대로 외모 때문에 혐오감이 느껴지는 사람도 있었을 것이다. 그 이유는 바로 신체적, 시각적 커뮤니케이션, 즉 처음 보는 사람의 외모가 주는 느낌이 모든 커뮤니케이션 가운데 가장 강력하기 때문이다. 연구 결과에 따르면, 사람 간의 커뮤니케이션은 대략 다음과 같은 요소로 이루어진다.

50% / 시각적 또는 신체적 요소
35% / 감정
10% / 말
5% / 기타 변수

다시 말해서 외모와 표정, 신체 모습, 옷차림 등은 모두 커뮤니케이션의 효율에 영향을 미친다. 위의 결과는 대략적인 근사치이지만, 사람들 간의 커뮤니케이션을 향상시키는 훌륭한 지침을 제공한다.

훌륭한 네트워크 마케팅 회사는 외모를 향상시키는 데 많은 시간을 투자한다. 심지어 어떤 회사는 체중 감소나 운동 프로그램을 제공하기도 한다. 지도자들은 건강하고 신체적으로 매력적인 사람이 그렇지 못한 사람보다 훨씬 효과적으로 상대방과 커뮤니케이션한다는 점을 알고 있다.

나는 신체적 커뮤니케이션과 관련해 두 가지만 말해 두고 싶다.

먼저, 우리는 모두 외모는 더없이 매력적이지만 내면의 정서는 비참하기 이를 데 없는 사람을 만나본 적이 있고, 반대로 처음 봤을 때는 고개를 돌리고 싶을 정도였는데 알고 보면 보석 같은 마음을 품고 있는 사람을 경험한 적도 있다. 이 얘기를 듣고 '아, 내면의 중요성을 강조하려는 거로군!' 하고 생각할 사람도 있겠지만, 사실 내가 말하고 싶은 요점은 첫인상이 중요하다는 것이다. 내면까지 알려면 시간이 너무 걸리기 때문이다. 첫인상을 주는 기회는 단 한 번뿐이다. 따라서 신체적 커뮤니케이션 또한 상당히 중요한 것이다.

두 번째는 다음과 같다. 자신의 사업 개선을 도와달라고 내게 부탁하는 사람들이 종종 있다. 그럴 때 내가 던지는 첫 번째 질문은, "당신은 기꺼이 변화를 수용하고 융통성 있는 사람이 되려는 의지가 있습니까?"이다. 그들이 "그렇습니다."라고 하면 나는 얘기를 진행한다. 그러나 "아니오."라고 대답하면 더 이상 대화의 여지가 없다.

대개의 경우는 "네, 기꺼이 변하겠습니다."라고 한다. 그러면 나는 고개를 끄덕인 후 그들의 의지를 테스트하기 위해 잠시 기다린다. 몇 달 전 알고 지내던 어떤 사람이 자기 사업의 수익성 향상을 도와달라고 요청했다. 나는 위와 같은 질문을 통해 그가 변화를 수용할 의지가 있는지 확인한 후, 요청을 수락했다. 그리고 곧 이렇게 말했다. "그럼, 먼저 그 지저분한 수염부터 깎으십시오."

그러자 그는 주저하다가 말을 꺼냈다. "그러고 싶진 않습니다. 고등학교 때부터 기른 것이니까요." 우리 얘기는 거기서 끝났고, 나는 그를 도와줄 수 없었다. 문제는 수염 자체가 아니라 변화하고자 하는 의지였다. 사실 그가 계속 수염을 기르든 안 기르든 내가 상관할 바는 아니었다. 다만 변화하려는 의지를 시험했던 것이다. 수염뿐만이 아니라 넥타이, 신발 혹은 다른 신체적 요소를 사용해 테스트해 볼 수도 있다. 내 친구가 그랬듯이 대부분의 사람들이 머릿속으로는 변화를 원한다. 그도 마찬가지였다. 하지만 시험삼아 신체적 변화를 제안하자 망설였다. 모든 교육은 궁극적으로 신체적인 것이다. 몸을 움직여 직접 배우려 하지 않는다면 교육적 변화가 지속될 가능성은 미미하다.

나의 부자 아빠는 다음과 같이 말씀하시곤 했다.

"세 마리의 고양이가 담장 위에 앉아 있는데 두 마리가 뛰어 내리려고 결심하면 몇 마리의 고양이가 남겠니?"

정답은 '담장에는 여전히 세 마리의 고양이가 있다.' 이다. 그 이유는 뛰어 내리려고 그저 '결심'했다는 것은 고양이가 실제로는 (신체적으로는) 뛰어 내리지 않았음을 의미하기 때문이다. 그래서 부자 아빠는 "누구에게나 '내일'은 일 년 중 가장 바쁜 날이다."라고 말씀하시곤 했다. "사람들이 자신의 삶을 어떻게든 향상시키려고 결심하기는 쉽지만, 실제로 그에 대한 실천은 늘 내일로 미루기 때문이란다." 부자 아빠는 또 이렇게 말씀하셨다. "문제는, 그런 사람들에게 결국 '내일'이란 없게 된다는 사실이다."

여기서 우리는 다음과 같은 교훈을 배운다. 사람들은 자신의 삶을 바꾸고 싶어 하지만, 최종적으로 행동을 취해야만 비로소 변화가 시작된다는 것이다. 또 그것은 신체적 교육이 매우 중요한 이유이기도 하다.

내가 받은 최고의 교육

내가 대학 졸업 직후 비행 학교에 입학한 것은 매우 현명한 선택이었다. 중요한 건 비행 방법을 배우거나 전쟁 준비를 하는 것이 아니었다. 내가 실제 삶과 맞설 수 있도록 준비시켜 주었다는 게 중요했다. 나는 더 이상 어린아이가 아니었고, 내가 받은 훈련은 당시 나에게 가장 필요한 것이었다. 그 훈련 과정은 정신적, 감정적, 신체적 그리고 영적인 변화를 가져다준 '삶을 변화시키는 교육'이었다. 전쟁에서 돌아왔을 때, 나는 사람들이 주저하는 힘든 재정적, 사업적 도전 과제들을 기꺼이 떠맡을 자신감으로 가득 차 있었다.

만일 당신이 삶의 변화를 맞을 준비가 되어 있다면, 네트워크 마케팅 회사가 제공하는 교육 프로그램을 알아보라. 시간을 투자해서 그 회사들의 사업 체계, 보상 계획, 제품의 품질, 그리고 교육 시스템이 당신에게 필요한 것인지 알아보라. 그리고 그 중 한 회사가 그러한 측면들을 충분히 충족시킨다는 판단이 서면, 그 회사에서 파트타임 사업을 시작할 것을 고려해 보라.

다음 장들에서는 내가 네트워크 마케팅 회사에서 발견한 다른 가치들에 대해 좀 더 이야기해 보겠다.

제3장
네트워크 마케팅의 두 번째 가치
직업을 바꾸는 것 이상의 의미를 지닌다

나는 네트워크 마케팅 시스템을 이용하지 않고 〈B〉 사분면에서 성공했다.
그렇기 때문에 자금 문제를 비롯해 혼자 시작할 경우
치러야 할 대가가 어떤 건지 누구보다 잘 안다.

당신은 주변에서 다음과 같은 말을 자주 들었을 것이다.

— "직장을 그만두고 싶어."
— "이젠 직장 옮겨 다니는 데 신물이 나."
— "돈을 좀 더 많이 벌고 싶지만, 지금 회사를 그만두고 다른 데 입사해서 처음부터 시작할 엄두가 안 나. 그렇다고 새 직업을 구하기 위해 다시 학교를 다니고 싶진 않아."
— "봉급이 오르면 뭐 해? 오른 만큼 또 세금으로 빠져나가는걸."
— "죽어라 일해도 정작 부자가 되는 건 사장이야."
— "열심히 일하지만 내 재정 상태는 별로 나아지질 않아. 퇴직을

고려해 봐야겠어."
—— "빠르게 변하는 기술이나 젊은 세대에게 밀려 도태될까 봐 두려워."
—— "더 이상 이렇게 뼈 빠지게 일하긴 힘들어. 이젠 너무 나이를 먹었어."
—— "치과 의사가 되려고 치대에 들어갔지만, 이젠 치과 의사가 되겠다는 꿈이 사라졌어."
—— "뭔가 다른 일을 하며 새로운 사람들을 만나고 싶어. 야망도, 목적 의식도 없는 사람들이 지겨울 뿐이야. 그저 해고당하지 않을 만큼만 일하는 사람들과 시간을 보내는 데 지쳤고, 직원들이 직장을 그만두지 않을 만큼만 돈을 주는 회사를 위해 일하는 데도 지쳤어."

이 모두가 현금흐름 사분면의 어느 한 면에 갇힌 사람들이 자주 하는 말이다. 또 자신이 속한 사분면을 바꿀 준비가 된 사람들이 하는 말이기도 하다.
이제, 행동을 개시할 시간이 된 것 같다.

현금흐름 사분면이란?

부자 아빠 시리즈의 두 번째 책은 '현금흐름 사분면'에 관한 내용이다. 많은 사람들은 그 책이 내가 쓴 책 가운데 가장 중요한 책이라고 말한다. 나는 삶을 변화시킬 준비가 된 사람을 위해서 그

책을 썼다. 그것은 단지 직업을 바꾸는 것을 훨씬 뛰어넘는 변화를 의미한다.

아래 그림은 내 부자 아빠가 말한 현금흐름 사분면이다.

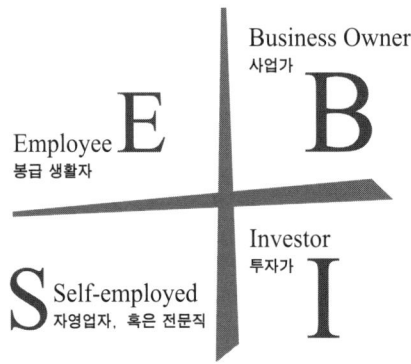

자신이 어느 사분면에 속해 있는가는 자신의 현금이 어디서 나오는가에 의해 결정된다. 만일 당신이 어떤 회사의 피고용인으로서 정기적인 봉급을 받으며 일한다면 〈E〉 사분면에 속한다. 봉급 생활자는 기업체의 사장일 수도 있고 경비원일 수도 있다. 이들은 이렇게 말한다. "나는 복지 혜택이 많은 안정된 직장을 찾습니다." 혹은 이렇게도 말한다. "근무외 수당은 얼마를 받을 수 있습니까?", "유급 휴가가 일 년에 몇일입니까?"

당신이 시간 단위로 하는 일에 대한 수수료나 보수를 수입으로 삼는다면 〈S〉 사분면에 속한다. 부동산 중개인과 같은 직접 수수료 판매자들이 이 그룹에 속한다. 〈S〉 사분면 사람들은 이런 말을 한다. "내 일반적인 수수료 비율은 전체 비용의 6%입니다." 이 사분면에는 변호사, 의사 같은 전문직 종사자도 포함된다. 시간제로 일하고 수입을 얻는 사람들은 이렇게 말한다. "내 시간당 급료는 한 시간에 50달러입니다.", "내가 그 일을 하고 받을 수 있는 보수는 1,000달러입니다." 또 이 그룹에는 식당 주인, 가족 사업체 경영, 컨설턴트 등 소규모 사업체 소유자와 정원사, 주택 청소부 같은 서비스업 종사자도 포함된다. 이들은 자신이 직접 일하며, 자기 일에 대해 매우 엄격하고 야무진 스타일인 경우가 많다. 그리고 종종 다음과 같이 충고한다. "절대 다른 사람을 위해 일하지 마라. 스스로를 위해 일해야 한다.", "뭔가를 정말 제대로 하려면, 자신이 직접 해야 한다."

당신이 직접 일하지 않는 사업 시스템으로 수입을 얻는다면 사업가 그룹인 〈B〉 사분면에 속한다. 그리고 투자를 해서 수입을 올린다면 투자가 그룹인 〈I〉 사분면에 속한다. 회사나 정부가 마련한 은퇴 계획이나 연금으로 얻는 수입은 봉급 생활자 그룹인 〈E〉 사분면에서 나오는 것이다.

물론 한 개 이상의 사분면에서 수입을 얻는 것도 가능하다. 예를 들어, 우리 부부는 네 개의 사분면 모두에서 수입을 얻고 있다. 하지만 우리의 수입 대부분은 투자를 통해서다. 따라서 우리는 〈I〉 사분면에 속한다고 할 수 있다.

대부분의 경우 각 사분면의 정의와 구분은 간단하고 명확하다. 간혹 혼란을 일으키는 두 개의 사분면은 바로 자영업자와 전문직 종사자가 속하는 〈S〉 사분면과 사업가들이 속하는 〈B〉 사분면이다. 나는 이런 질문을 자주 받는다.

"자영업자 혹은 소규모 사업체 소유자와, 사업가의 차이점이 무엇인가요?"

그 차이점은 간단하다.

사업가 그룹이 속하는 〈B〉 사분면 사람들은 일 년 정도 사업에서 손을 떼고 쉬다가 돌아와도, 그 사업이 전보다 훨씬 훌륭히 운영되어 수익을 더 많이 내게 할 수 있다. 반면 〈S〉 사분면 사람들은 잠시라도 자기 사업을 떠날 수가 없다. 대개 그들이 일을 중단하면 수입도 중단되기 때문이다.

바로 이것이 〈S〉와 〈B〉 사분면의 차이다. "직장을 그만두고, 이제 내 사업을 할 거야."라고 하는 사람 대부분이 〈B〉 타입이 아닌 〈S〉 타입의 사업을 시작한다. 소규모 사업체 열 개 중 아홉 개가 망하는 이유는, 〈S〉 타입의 사업에서는 자기 자신이 직접 상당히 힘들게 일해야 하기 때문이다. 많은 소규모 업체들이 심각한 재정난이나 체력 부족으로 인해 (혹은 두 가지 모두 때문에) 실패를 맛본다. 〈S〉 사분면의 소규모 사업체 소유주는 고객, 정부, 직원들 때문에 상당한 스트레스를 겪는다. 한꺼번에 많은 사람들의 요구가 밀려드는 상황에서 생산적인 작업을 지속하기는 무척 어려운 법이다.

물론 〈S〉 사분면에는 자기 만족감이라는 게 포함되어 있다. 이 사분면 사람들은 자신이 진정으로 좋아하는 일을 하기 때문이다. 또 자기만의 일을 하고 싶어 하는 사람들이 〈S〉 사분면으로 이동하기도 한다. 한 가지 슬픈 소식은 네 개의 사분면 가운데 수입이 가장 낮은 사람들이 이곳에 속해 있다는 사실이다. 앞서 말했듯이, 〈S〉 사분면에서는 대부분의 사업이 실패한다. 아직도 많은 소기업들이 바닥에서 헤어나지 못하고 있다.

너는 커서 무엇이 되고 싶니?

내가 어렸을 때 가난한 아빠는 이런 말을 자주 했다.

"학교에 가서 좋은 성적을 얻어야 나중에 안정되고 훌륭한 직장에 들어갈 수 있다." 아빠는 내가 〈E〉 사분면의 사람이 되도록 교육한 것이다.

그리고 엄마는 이렇게 말했다.

"부자가 되고 싶다면 의사나 변호사가 되어야 한다. 그러면 항상 의지할 수 있는 든든한 직업이 생기는 거란다." 엄마는 내가 〈S〉 사분면의 사람이 되도록 교육한 것이다.

하지만 나의 부자 아빠는 이렇게 말했다.

"부자가 되고 싶다면 네 자신의 사업을 해야 한다. 사람들이 부자가 되지 못하는 이유는, 다른 사람의 사업에 관여하면서 삶을 소비하기 때문이다." 부자 아빠는 또 말했다. "안정적인 직장을 찾을수록 자기 삶에 대한 통제력이 약해진단다. 버는 돈과 세금으로 내는 돈에 대한 통제력, 그리고 자유 시간에 대한 통제력이 약해지지."

부자 아빠는 자유 시간을 상당히 많이 누렸다. 다른 기업을 위해 일하지 않고 자신이 직접 사업을 소유했기 때문이다. 부자 아빠는 사업을 경영하고 관리하기 위해 〈E〉 그룹과 〈S〉 그룹 사람들을 고용했다. 그래서 개인적인 자유를 충분히 누리고 돈은 더 많이 벌면서 세금은 적게 낼 수 있었다. "네가 자유롭고 싶다면 네 자신의 사업을 해라." 부자 아빠가 말하는 사업은 〈S〉 사분면이 아니라 〈B〉 사분면에 속한 것이었다.

나는 『부자 아빠 가난한 아빠 2』에서 '통제력'이란 말에 대한 부자 아빠의 생각을 언급한 적이 있다.

"네가 안정적인 직장만을 추구하거나 의사, 변호사, 회계사, 부동산 중개인, 주식 중개인 같은 전문가가 된다면, 네 삶에 대한 통제 능력을 포기하는 셈이란다. 그것은 곧 네 자유를 포기하는 것과 같지. 누군가 네게 '커서 무엇이 되고 싶니?'라고 물으면 이렇게 대답해라. '저는 제 사업을 할 겁니다.'라고." 부자 아빠는 〈S〉 사분면이 아닌 〈B〉 사분면의 사업을 말했던 것이다.

사분면을 이동하는 방법

많은 사람들이 『부자 아빠 가난한 아빠 2』를 읽고 사분면을 이동하는 데 무엇이 필요한지 이해한 후 내게 이렇게 묻는다.

"어떻게 하면 사분면을 이동할 수 있죠? 설명을 들으면 쉬운 것 같은데, 실제로는 그렇지 않은걸요."

그러면 나는 이렇게 대답한다. "사분면 왼쪽인 〈E〉와 〈S〉에서 오른쪽인 〈B〉와 〈I〉로 쉽게 이동하는 사람들도 있습니다. 하지만 불행히도 나는 쉽지 않았습니다. 부자 아빠가 날 이끌어주지 않았다면, 아마 난 성공하지 못했을 겁니다."

그리고 내가 훌륭한 교육자 집안에서 태어났다는 얘기를 해준다. 우리 집안에서는 훌륭한 교육과 안정된 직장이 중요한 핵심 가치였다. 내가 이 이야기를 하는 이유는, 자신이 속한 사분면을 바꿈으로써 가족이 중요시하는 가치들에서 멀어질 수도 있기 때문이다. 그렇기 때문에 일부 사람들은 사분면을 바꾸고 싶어도 쉽사리 행동에 옮기지 못한다. 우리 부모님은 대기업 소유주나 투자가인 부자들은 욕심 많고 사악하며 남에 대한 배려심도 없고 부정직한 사람들이라고 생각했다.

부모님은 내가 봉급을 많이 받는 직장인이나 전문직 종사자가 되는 대신 사업 세계에 뛰어들고 싶어 한다는 것을 알고 무척 실망하셨다. 그분들이 중요시하는 가치와 상반되는 것이었기 때문이다. 아빠는 헌신적인 교사였고, 엄마는 간호사였다. 그분들은 수년 동안 '케네디 대통령 평화 봉사단'에서 활동하기도 했다. 엄마와 아빠는 매우 훌륭한 분이셨고, 나는 그분들로부터 사회적, 도덕적 양심을 배웠다. 그런 분들이셨으니, 내가 '기업의 사다리를 오르기'보다는 '기업의 사다리를 소유하고' 싶어 한다는 걸 알고 놀라신 것도 무리가 아니다. 부모님은 내가 그들의 '반대편'에 합류했다고 생각했고, 실제로 나는 그랬다. 나는 〈E〉와 〈S〉 사분면이 아니라 〈B〉와 〈I〉 사분면에서 일하기로 마음먹었다. 하지만 나는 부모님이 가르쳐준 사회적, 도덕적 양심을 지금도 간직하고 있다. 부모님은 내가 그분들의 반대편으로 가면 그런 양심을 잃게 되리라 생각하셨던 모양이다.

우리 부모님은 투자가나 대기업 소유주들을 인생의 어두운 쪽에 있는 사람들로 여겼다. 따라서 내가 사분면을 바꾸는 것은 단순히 정신적인 변화 이상의 의미를 지녔다. 그분들은 자신들이 가르쳐 준 옳고 중요한 가치들을 내가 거부한다고 생각했다. 그리고 내가 살면서 추구해야 할 것은 훌륭한 교육, 근사한 직장, 멋진 집이라고 생각했다. (그분들 생각에는) 부자가 되길 꿈꾸고, 회사를 갖고,

투자를 하고, 나를 위해 일할 사람들을 고용하는 것은 바로 인생의 어두운 면으로 돌아서는 일이었다. 그래서 국제적인 사업가가 되어 세계를 돌며 투자하는 사람이 되겠다는 꿈을 가져서는 안 된다고 교육했다. 그런 사람들은 가난한 사람과 노동자 계급을 착취하는, 내적 신앙심을 잃어버린 사람이라는 논리였다.

그래서 나는 사분면을 이동하면 가족으로부터 멀어질 것처럼 느끼지 않을 수 없었다. 가족의 그런 가치들은 사소한 것처럼 보이지만, 사실 내 존재 깊숙한 곳에 내재하고 있었다. 몇 년이 흐른 뒤, 가난한 아빠는 사분면을 바꾼다고 해서 사회적, 도덕적, 종교적 가치가 변하는 게 아니란 걸 깨달았지만, 그래도 나에 대한 걱정을 버리지는 못했다. 어머니는 당신 아들을 잃은 게 아니라는 사실을 깨닫기도 전에 돌아가셨다.

사람들이 "내가 속한 사분면을 어떻게 하면 바꿀 수 있습니까?"라고 물으면, 나는 "네트워크 마케팅 회사에 가입해 보시죠."라고 대답한다. 그것은 우리들 내면에는 나름대로 중요시하는 가치관이 깊숙이 자리 잡고 있기 때문이다. (그리고 그 가치관을 바꿔야 사분면 이동도 가능하기 때문이다). 내가 이렇게 네트워크 마케팅 회사에 대해 조금이라도 알아볼 것을 권하는 이유는 다른 사분면으로의 이동이 하룻밤 만에 쉽게 이뤄지는 게 아니기 때문이다. 내 부자 아빠는 수년에 걸쳐 내게 조언을 하고 가르쳤고, 때로는 나무라기도 하면서 내가 〈B〉와 〈I〉 사분면 쪽으로 가도록 인도했다. 앞장의 '첫 번째 가치' 항목에서 강조했듯이 삶을 변화시키는 진정한 교육은 정신적, 감정적, 신체적 그리고 영적인 영향을 미쳐야 하며, 그러한 변화에는 얼마간의 시간과 길잡이가 필요하다. 몇몇 네트워크 마케팅 회사들은 그러한 시간과 길잡이를 확실하게 제공해 준다.

왜 혼자서는 안 되는가

그러면 사람들은 이렇게 묻는다.

"왜 나 혼자서는 사분면의 왼쪽에서 오른쪽으로 옮길 수 없다는 겁니까?"

물론 혼자 힘으로도 '할 수는' 있다. 하지만 대개의 경우 생각만큼 그렇게 쉽지 않다. 네트워크 마케팅 사업을 하지 않고도 〈B〉 사분면에서 엄청난 성공을 거머쥔 사람들은 많다. 마이크로소프트의 빌 게이츠, 델 컴퓨터의 마이클 델, 포드 사의 헨리 포드 등이 그들이다. 분명 가능한 일이다. 하지만 앞으로 몇 페이지만 더 읽어 보면 성공한 소수를 제외한 대부분의 사람들이 실패하는 이유를 알게 될 것이다. 이유는 돈 때문이 아니다. 바로 정신적, 감정적, 신체적, 영적 변화와 발전을 위해 치러야 하는 대가가 크기 때문이다.

제1장에서 말했듯이 나는 네트워크 마케팅 시스템을 이용하지 않고 〈B〉 사분면에서 성공했다. 그렇기 때문에 자금 문제를 비롯해 혼자 시작할 경우 치러야 할 대가가 어떤 건지 누구보다 잘 안다. 사람들이 "정말로 무일푼으로 시작했습니까?"라고 물으면 나는 "그렇습니다. 아무것도 없이 시작했지요. 그것도 세 번이나 말입니다."라고 말해 준다.

정말 그랬다. 처음 사업을 벌일 무렵엔 무일푼으로 시작했다.

그리고, 그때 시도한 두 분야 사업에서 쫄딱 망했기 때문에, 두 번째와 세 번째 역시 처음부터 다시 시작해야 했다. 사실 나는 아무것도 없이 시작할 수 있길 속으로 바랐다. 아무것도 없다는 것이 오히려 천국처럼 느껴졌기 때문이다. '아무것도 없다'는 것은 실로 사업 실패로 수백만 달러의 빚을 짊어진 것보다 훨씬 나았다.

스스로를 일으켜 세우는 것이 돈보다 더 중요하다

가난한 게 어떤 기분인지 모를 거라고들 하면 난 웃으면서 말한다. "수백만 달러를 잃을 때의 기분은 어떤지 아십니까? 그렇게 많은 돈을 잃으면 정신적, 감정적, 신체적, 영적으로 어떤 타격을 받는지 아십니까?"

나는 사람을 정신적, 감정적, 신체적, 영적으로 회복시키는 데 초점을 맞추는 네트워크 마케팅 회사를 권한다. 모든 신념과 자신감을 잃어버렸을 때의 기분이 얼마나 처참한지 나는 잘 안다. 장담하건대, 신념과 자신감을 잃는 것은 수백만 달러를 잃는 것보다 훨씬 더 나쁘다.

내가 첫 번째 사업에 실패하자 내 가난한 아빠는 어쩔 줄 몰라 하셨다. 반면 부자 아빠는 "포기하지 마라. 대부분의 백만장자들은 세 번은 실패하고 나서야 제대로 성공한단다."라고 격려해 주셨다. 다행히도 나는 두 번의 실패를 맛본 뒤에 성공했다. 하지만 두 번의 좌절 뒤에 다시 시작하는 것은 영적으로, 감정적으로 감당하기 힘들었다. 그것은 곧 나 자신을 재건하는 과정이었다. 그리고 그렇게 자신을 일으켜 세우고 나자 돈이 다시 쏟아져 들어오기 시작했다.

나 자신을 재건하는 것이 돈 버는 것보다 더 중요했다. 내가 권유하는 네트워크 마케팅 사업이란 진정으로 사람을 강하게 만드는 데에, 또는 재건하는 데에 주력하는 시스템이다. 그러고 나면 비로소 스스로 사업을 구축해 나갈 수 있는 저력이 생긴다. 매력적으로 생각되는가? 그렇다면 회사 시스템이나 제품 판매보다 직원 교육 프로그램에 주안점을 두는 네트워크 마케팅 회사를 찾아라. 일단 그런 회사를 찾으면, 교육 프로그램을 잘 활용하여 자신을 재건하는 일에 최선의 노력을 기울여라. 회사는 단지 교육 시스템을 제공할 뿐이다. 그것을 최대한 활용하여 영양분을 흡수하는 것은 당신 몫이다. 당신이 먼저 스스로를 돕지 않는다면 아무도 당신을 도울 수 없다.

당신 혼자 힘으로도 할 수 있다. 하지만 〈E〉와 〈S〉 사분면에서 〈B〉와 〈I〉 사분면으로 이동하기 위해서는 돈보다 훨씬 많은 걸 지불해야 한다는 점을 명심하라. 〈B〉 타입의 사업 구축을 위해 네트워크 마케팅을 선택하는 사람들은 지불해야 하는 대가도, 리스크도 훨씬 적다. 무엇보다도, 그러한 자기 계발 과정을 처음부터 끝까지 안내해 주는 교육과 지원 프로그램이 있기 때문이다.

자기 일을 버리지 말라

사업가들이 속하는 〈B〉 그룹에는 일반적으로 세 가지 유형이 있다.

첫째, 직접 사업체를 세워 시작한다. 기숙사나 차고 등에서 시작하여 모든 이에게 친숙한 이름으로 성장한 델 컴퓨터나 휴렛 팩커드 같은 대기업이 이에 속한다.

둘째, 맥도널드나 타코벨 같은 가맹점을 산다.

셋째, 네트워크 마케팅 사업에 참여한다.

네트워크 마케팅 사업의 큰 이점은 가입 비용이 적다는 점이다. 맥도널드 같은 유명한 가맹점을 사는 데 드는 비용은 최소한 백만 달러 정도다. 만일 당신 주머니에 백만 달러가 있거나, 은행에서 백만 달러를 대출받을 수 있다면 얼른 달려가 가맹점을 사고 싶을지도 모른다.

하지만 그만한 돈이 없거나 가맹점을 사서 시스템을 배우는 데 모든 시간을 할애할 여건이 아니라면, 네트워크 마케팅 사업이 제격이다. 이 사업의 또 다른 이점은 당신이 〈E〉나 〈S〉 사분면에 남아 있으면서 〈B〉 사분면의 파트타임 사업을 시작할 수 있다는 것이다. 그럼으로써 당신은 내가 겪었던 고난이나 역경, 경제적 리스크를 경험하지 않고도 당신에게 필요한 교육을 받을 수 있다.

조언자의 힘을 간과하지 말라

"내 조언자가 되어 주시겠습니까?"

이는 내가 자주 받는 질문이다. 나는 가능한 한 정중하게, 네트워크 마케팅 사업에 '조언 프로그램'이 있으니 그것을 알아보라고 권유한다.

나는 부자 아빠가 내 조언자였다는 사실을 두고두고 감사하게 생각한다. 교사였던 내 가난한 아빠는 〈B〉와 〈I〉 사분면에 대해 내가 알고 싶어 하는 것을 가르쳐줄 만한 지식이나 경험이 없었다. 아마 부자 아빠가 아니었다면, 사분면의 왼쪽에서 오른쪽으로 옮기는 일은 꿈도 꾸지 못했을 것이다.

네트워크 마케팅 시스템에서 조언자의 일차적 역할이 바로 〈E〉와 〈S〉 사분면에서 〈B〉와 〈I〉 사분면으로 가는 길을 안내하는 것이다. 그들은 당신을 지도하고, 코치하고, 안내하는 데 투자하는 시간에 대해 비용을 청구하지 않는다. 그들이 제공하는 조언과 안내는 값을 따질 수 없을 만큼 귀중한 것들이다.

네트워크 마케팅 회사를 조사할 때는, 반드시 당신에게 사업을 권유한 사람보다 상부에 있는 조언자들을 꼭 만나보라. 시간을 내서 일부러 그들을 만나보고, 〈B〉나 〈I〉 사분면으로 이동하는 것을 얼마만큼 성실하게 지원하는지 평가해 보라.

인생에서 조언자는 매우 중요한 사람이다. 그러므로 신중하고 현명하게 선택하라.

경고해 둘 점

당신도 이미 예상했겠지만, 모든 네트워크 마케팅 회사가 다 똑같지는 않다. 인생이라는 나무에서 따먹는 열매가 달 때도 있고, 시큼할 때도 있는 것처럼 말이다. 일반 회사가 망할 때가 있듯이 신생 네트워크 마케팅 회사들도 실패하는 경우가 빈번하다.

내가 이런 경고를 하는 이유는, 당신을 〈B〉 사분면이 아닌 〈S〉 사분면으로 가도록 유도하는 네트워크 마케팅 회사가 많이 있기 때문이다. 보통 그런 회사들은 성공에 필요한 전반적인 사업 기술이 아닌, '판매 기술' 훈련에만 비중을 둔다.

그런 회사는 제품 정보, 판매 기술, 그리고 당신이 벌 수 있는 돈의 액수만을 중요시하며, 결국 당신을 〈S〉 사분면에 머물게 한다. 그러나 진정한 〈B〉 사분면의 네트워크 마케팅 회사는 당신을 상부 조직을 위해 판매 수익을 올리는 개체로 보지 않으며, 당신이 지닌 총체적인 잠재력을 개발하는 데 주력한다. 조금만 더 인내심을 갖고 시간을 투자하면 될 것을, 사람들은 대개 그 전에 포기하고 만다. 사분면을 바꾸기보다는 오로지 돈 벌 욕심만 내기 때문이다.

당신이 간절히 바라는 게 고작 몇 푼 더 버는 것이라면, 그런 유형의 네트워크 마케팅 회사로 충분하다. 그러나 사분면의 왼쪽에서 오른쪽으로 이동하여 삶을 완전히 변화시키고 싶다면, 돈이나 제품 지식, 판매 기술을 훨씬 능가하는 교육 프로그램을 갖춘 탄탄한 네트워크 마케팅 회사가 반드시 필요하다.

그렇다면, 사분면을 바꾸는 데 시간은 얼마나 걸리나

사분면을 바꾸는 데 시간이 얼마나 걸리느냐고 묻는 사람들이 종종 있다. 그러면 나는, "난 지금도 바꾸고 있는 중입니다."라고 대답해 준다. 이 말은 〈B〉 사분면과 〈I〉 사분면의 배움에는 끝이 없음을 의미한다. 그처럼 끊임없이 배울수록 돈도 더 많이 벌고 자유 시간도 더 많아진다.

나는 사람들에게 그런 과정을 최소한 5년은 지속하라고 충고한다. 그러면 대개 너무 길다고 투덜댄다. 5년이 길게 느껴진다면 6개월만이라도 전념해 보라. 그리고 일단 마음을 먹었으면 참여를 권유받는 곳은 모두 가보라. 가능하면 모든 설명회와 교육 활동, 대규모 집회 등에 빠짐없이 참석하라. 내가 이런 방법을 권하는 이유는 단 하나다. 당신이 가능한 한 빨리 상황에 변화를 가져오고 싶어 한다는 것을 잘 알기 때문이다. 일단 주변 환경을 바꾸면, 당신의 시각과 견해 역시 바뀌기 시작하는 법이다.

우선 환경의 변화를 모색해야 한다

특히 초반에 주변 환경을 변화시키는 일이 상당히 중요하다. 대개 사람들은 〈E〉나 〈S〉 사분면에서 인생의 대부분을 보내기 때문이다. 하지만 우리에게 주어진 황금 같은 시간을 그렇게 보낸다는 것은 퍽 유감스러운 일이다. 사랑하는 가족과 함께가 아니라 직장에서 그 귀중한 시간들을 흘려보내는 셈이니 말이다. 오늘날 젊은 이들의 문제가 나날이 증가하는 이유 가운데 하나는, 사랑하는 이들과 함께하기보다는 직장에서 훨씬 더 많은 시간을 보내기 때문이라고 생각한다.

비록 가족과 떨어져 보내야 하는 시간이 많더라도, 처음 6개월은 가능한 한 모든 모임에 참석하는 데 기꺼이 투자하라. '유유상종'이란 말에는 위대한 진리가 숨어 있기 때문이다.

당신이 〈B〉나 〈I〉 사분면으로 이동하겠다고 마음먹었다면, 당신과 비슷한 사고방식을 지닌 사람들과 가능한 한 자주 교류할 필요가 있다.

어린 시절, 나는 부자 아빠의 집과 가난한 아빠가 있는 우리집을 오가면서 많은 것을 보고 느꼈다. 두 집의 환경은 판이하게 달랐다. 심지어 양쪽 집의 파티 분위기도 달랐다. 오늘날 내 친구들은 서로 다른 네 개의 사분면에서 삶을 산다. 하지만 가장 친한 친구, 즉 내가 가장 많은 시간을 함께 보내는 친구들은 주로 사업가 그룹인 〈B〉와 투자가 그룹인 〈I〉 사분면에 존재한다. 〈I〉 사분면에만 속하는 40대 친구들도 많다. 그들은 자기 사업체를 판 돈으로 오로지 투자에만 집중한다. 인생을 즐길 수 있는 돈과 자유 시간을 가진 친구들이 많다면, 꽤나 기분 좋은 일이 아닌가.

돈은 많지만, 자유 시간은 없다

봉급 생활자 그룹인 〈E〉와 자영업자나 전문직 종사자 그룹인 〈S〉에 속한 내 친구들은 돈은 많지만 자유 시간이 거의 없다. 돈을 벌려면 일을 중단할 수 없기 때문이다. 내 생각에 그것은 '돈과 자유를 맞바꾸는 일'이다.

따라서 자신의 주변 환경을 바꿔서 돈과 자유 시간을 '모두 가진' 혹은 '모두 갖고 싶어 하는' 사람들처럼 사고하는 법을 배워야 한다. 그들은 분명히 우리와 다른 사고방식을 갖고 있으며, 그것을 습득하려면 먼저 주변 환경을 변화시켜야 한다. 그것도 가능하면 빨리.

우리 부부는 수년 동안 사업 구축과 투자에 많은 힘을 쏟아 부었다. 초반에는 버는 돈도 얼마 안 되고, 누릴 수 있는 자유 시간도 거의 없었다. 하지만 지금은 그때 했던 투자 덕분에 돈도 많이 벌었고 자유 시간도 충분히 즐기고 있다. 이제는 우리가 원해서 일을 한다. 먹고 살기 위해 억지로 일을 하지 않는다는 얘기다. 여기에는 분명 엄청난 차이가 있다.

왜 하필 5년인가?

당신이 지금 당장 낼 수 있는 시간이 6개월 정도라면, 그 기간만이라도 최선을 다해 전념하라. 내가 5년을 계획하라고 권하는 이유는 다음과 같다.

첫 번째 이유: 앞서 말한 대로 배움이란 신체적 과정이며, 신체적 학습은 때로 정신적 학습보다 더 오랜 시간을 요한다.

자전거 타는 법을 배우려고 결심했다고 생각해 보자. 자전거를 배우겠다고 '정신적으로' 결심하는 것보다 '실제로 몸을 이용해 배우는' 일이 훨씬 시간이 걸린다. 하지만 대체로 일단 몸을 사용해 배운 것은 영원히 잊어버리지 않는 법이다.

두 번째 이유: 반대로 '잊어버리는 일' 역시 신체적 과정이다. "늙은 개한테는 새로운 재주를 가르칠 수 없다."라는 속담도 있지 않은가. 다행히 우리는 개가 아니라 인간이다. 하지만 나이가 들수록, 오랫동안 배워 익힌 것을 버리기 쉽지 않은 게 사실이다. 많은 사람들이 〈E〉나 〈S〉 사분면에서 편안함을 느끼는 까닭은, 거기에 안락함과 안정감이 있기 때문이다. 또 무엇보다도 그곳에 속하는 방법을 배우느라 여러 해를 공들였기 때문이다. 그래서 다른 일을 잠시 하더라도 다시 안락함과 안정감을 찾아 그곳으로 돌아간다. 결국 그 안락함이 좋은 것이 아닌데도 말이다.

배우는 것뿐 아니라 배운 것을 잊기 위한 시간을 내라. 사분면 왼쪽에서 오른쪽으로 옮기는 과정에서 가장 힘든 점은 〈E〉와 〈S〉 사분면에서 갖고 있던 사고방식과 관점을 버리는 일일 것이다. 하지만 일단 당신이 배운 것들을 잊어버리면 변화는 훨씬 빠르고 쉽게 진행된다.

세 번째 이유: 모든 애벌레는 나비가 되기 전에 고치 시절을 보낸다. 나에게는 비행 학교가 내 고치였던 셈이다. 나는 대학을 졸업한 뒤 비행 학교에 입학했고, 베트남으로 갈 준비가 된 조종사가 되어 그곳을 떠났다. 내가 만일 민간 비행 학교에 들어갔다면 전쟁터에 바로 뛰어들 수 있는 사람으로 성장했을까? 어쨌든 조종사는 되었겠지만 말이다. 군 조종사와 민간 조종사가 배우는 내용은 다르다. 무엇보다도 훈련을 마치고 전쟁에 파병되는가의 여부 때문에 기술이나 훈련 강도에서 많은 차이가 나는 것이다.

플로리다에서 기초 훈련 과정을 마치는 데는 2년 가까이 걸렸다. 나는 훈련 과정 수료 기장(記章)을 받았고, 정식 조종사가 되었다. 그리고 캘리포니아 주의 캠프 펜들턴에서 고급 훈련 과정을 시작했으며, 비행보다는 전투 훈련을 받았다. 상세한 얘기는 생략하기로 하자. 어쨌든 그곳에서는 한층 강도 높은 훈련이 이루어졌다.

비행 학교를 마치고 조종사가 된 우리는 베트남으로 떠나기 전, 약 일 년간의 준비 기간을 보냈다. 끊임없이 비행 연습을 했으며, 정신적, 감정적, 신체적, 영적으로 우리를 시험하는 상황 속에서 훈련을 거듭해야 했다.

캠프 펜들턴에서의 8개월은 나의 내면을 변화시켰다. 훈련 비행을 하던 어느 날, 나는 마침내 전쟁터로 떠날 수 있는 '진정한' 조종사가 되었다. 그 전까지만 해도 나는 정신적, 감정적, 신체적으로 비행을 했다. 사람들이 흔히 말하는 '기계적인 비행'이었다. 하지만 그날 특무 비행 훈련에서 영적인 변화를 경험했다. 그날 비행은 상당히 강도가 높았고 위급한 상황에 자주 부딪혔다. 그런데 어느 순간, 내 영혼이 내가 가진 의심과 두려움을 한꺼번에 밀어내는 느낌이 일었다. 비행이 마치 내가 움직이는 몸의 일부 같았고, 비행기 안에 있는 게 그렇게 평화롭고 편안할 수 없었다. 비행기는 곧 내 몸의 일부였다. 나는 드디어 베트남에 갈 준비가 된 것이다.

내 안에 두려움이 전혀 없었던 것은 아니다. 전쟁터로 뛰어드는 게 여전히 두렵기는 마찬가지였다. 죽거나 어쩌면 불구가 될지도 모른다는 생각은 사라지지 않았다. 그러나 한 가지 확실한 건 이제는 전쟁과 당당히 맞설 준비가 되었다는 점이다. 내 영혼을 둘러싼 자신감은 두려움을 훨씬 능가했다. 그리고 나를 그처럼 변화시킨 힘은 내가 여러 네트워크 마케팅 사업에서 발견한, 삶을 변화시키는 교육과 동일한 것이었다.

사업가이자 투자가가 되는 과정은 전쟁에 나갈 준비가 된 비행사가 되는 과정과 흡사했다. 나는 두 번의 사업 실패를 겪고 나서 내 영혼을 발견했다. 바로 '사업가의 영혼'을 말이다. 어떤 어려움에 부딪혀도 나를 〈B〉와 〈I〉 사분면에 머물게 하는 것은 내 영혼이다. 나는 〈E〉와 〈S〉 사분면의 안정과 편안함으로 슬그머니 넘어가기보다는 〈B〉와 〈I〉 사분면에 남기로 했다. 내가 〈B〉 사분면에서 편안함과 자신감을 얻기까지는 15년의 시간이 걸렸다.

난 지금도 5년 계획을 세운다

예를 들어, 부동산 투자와 같이 뭔가 새로운 것을 배우기로 결심하면 나는 그 과정을 배우는 데 5년을 할애한다. 주식 투자 방법을 배울 때도 5년을 잡았다. 많은 사람들은 한 번 투자하고 조금 손해를 보면 바로 손을 뗀다. 처음 실패 이후 포기해 버리는 것이다. 그렇기 때문에 그들은 배울 기회를 영영 얻지 못한다.

내 부자 아빠는 이렇게 말씀하시곤 했다.

"진정한 승자는 실패를 승리하는 과정의 일부로 생각한다. 승자는 절대 실패하는 법이 없다고 생각하는 자야말로 인생의 실패자다. 실패자는 승리를 꿈꾸면서 실수를 피할 수 있는 방법만 찾는 사람이다."

난 아직도 5년이란 세월을 두고 가능한 한 실수를 많이 한다. 실수를 통해 배워 가면 5년 후에는 더 현명해질 것임을 알기 때문이다. 실수를 하지 않으면 5년이 지나도 아무런 발전이 없다. 나이만 다섯 살 더 먹을 뿐이다.

학습 곡선

'학습 곡선(Learning Curve)'이라고 하면, 대개 사람들은 아래와 같은 모습의 그래프를 떠올린다.

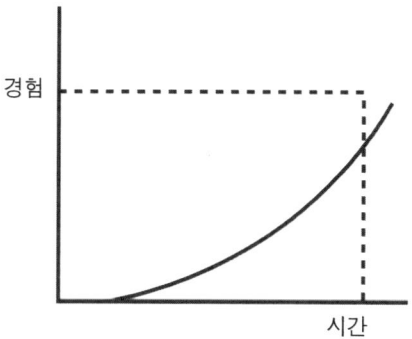

이렇게 X와 Y축을 양분하는 구부러진 대각선을 흔히 학습 곡선이라 한다.

자연의 학습 곡선

그러나 자연의 학습 곡선은 인간이 그린 학습 곡선 모양과 사뭇 다르다. 처음으로 둥지를 떠나서 날 준비를 하는 어린 새를 관찰하면 자연의 학습 곡선을 볼 수 있다.

어린 새가 둥지를 떠나서 나는 법을 배우는 방식은 다음과 같다.

이것이 자연의 진정한 학습 곡선이다. 많은 사람들은 지식의 학습 곡선이 위로 향한다고 생각하는데, 실제로 맞는 말이다. 그것이 인간 스스로 창안한 학습 곡선에 대한 일반적인 생각이다.

하지만 자연의 학습 곡선이나 내가 말하는 감정적인 학습 곡선은 먼저 내려간 다음 다시 올라간다. 사람들은 비행의 환희와 유쾌함을 느끼기 전에 감정적인 침체 상태를 겪고 싶어 하지 않는다.

그들이 성공하지 못하는 이유는 이런 개인적인 의심과 감정적인 좌절 시기를 겪지 않으려 하기 때문이다. 이는 학교에서 실수는 나쁜 것이므로 항상 피해야 한다고 배웠기 때문이다.

그렇기 때문에 학교를 벗어나면 〈E〉나 〈S〉 사분면이라는 둥지에 들어앉아서 창공을 향해 날아오르는 법을 배우지 못하는 것이다.

다음은 네트워크 마케팅 교육 시스템이 지닌 최대의 가치들이다.

— 당신이 충성심 깊은 봉급 생활자로 머물지 않고 그 둥지를 떠나도록 격려한다.
— 두려움과 의심, 좌절을 겪을 때 당신을 도와줄 프로그램을 갖고 있다.
— 직접 성공적인 여행을 마친 조언자가 당신을 도와 그가 밟은 길을 따르도록 이끈다.
— 자신에게 적합한 페이스만 잘 유지하면, 학교에서 낙제점을 받거나 회사에서 해고당하는 것과 같은 식의 실패로 몰아넣지 않는다.
— 네트워크 마케팅 회사는 당신이 사분면의 오른쪽으로 성공적으로 옮겨가기를 바란다.

직장을 옮겨 다니는 것보다 훨씬 낫다

잘 생각해 보라. 완전한 보장은 없더라도 사분면의 왼쪽에서 오른쪽으로 옮기는 모험을 하는 게 나을까, 아니면 안정적인 직장에

전전긍긍해 하거나 회사를 이리저리 옮겨 다니거나, 나이 먹어서 더 이상 일할 수 없을 때까지 한 직장에 붙어 있는 게 나을까?

사분면을 가로질러 가도록 사람들을 이끌고 안내하는 것, 그것이야말로 많은 네트워크 마케팅 회사들이 제공하는 핵심 가치다.

제4장
네트워크 마케팅의 세 번째 가치
적은 비용으로 사업을 구축할 수 있다

단 한 사람에게만 최고의 자리가 주어지는 전통적인 기업과 달리, 네트워크 마케팅 시스템의 최고 자리는 누구에게나 열려 있습니다.

나는 한 교회에서 사업과 투자에 관한 강연을 해달라는 요청을 받았다. 그때 강연을 듣던 사람 중 한 명이 이런 질문을 했다.

"사업가들이 속하는 〈B〉 그룹이 다른 그룹보다 훨씬 낫다면, 왜 더 많은 사람들이 〈B〉 타입의 사업을 시작하지 않나요?"

간단하게 대답하기는 힘들지만, 한마디로 대답하면 '비용이 많이 들기 때문'이다. 하지만 그것만으로는 충분한 답이 되지 못한다. 이때 비용이 많이 든다는 말은 돈 이상을 의미하기 때문이다.

〈S〉 사분면의 사업이 〈S〉 사분면에 머무는 주된 이유는, 〈S〉에서 〈B〉로 이동할 때 치러야 하는 대가가 〈S〉 사분면의 사업 소유주가 치를 수 있는 (혹은 기꺼이 치를 의향이 있는) 대가를 훨씬 뛰어넘기 때문이다. 대부분의 〈S〉 그룹 사업가들은 '자신이 직접' 적극적으로 사업을 꾸려나가는 사람들이다. 그들이 사업을 '그럭저럭 굴러가게' 놔두는 게 아예 불가능하진 않지만, 실제로 그러기는 상당히 어렵다.

부자는 어떻게 해서 부자가 되는가

나는 부자 아빠 시리즈의 세 번째 책인 『부자 아빠의 투자 가이드』에서 부자 아빠가 가르쳐 준, 정말로 부자가 되는 방법을 소개한 바 있다. 부자들은 아이디어를 구상해서 그 아이디어를 〈B〉 타입의 사업으로 전환하는 능력을 갖고 있다. 그 책에서 나는 부자들이 어떻게 자신이 구축한 사업을 자산으로 이용하여 또 다른 자산에 투자하는지, 그 방법을 설명했다.

다시 말해 『부자 아빠의 투자 가이드』는 구상한 아이디어를 활용해 수백만, 아니 수십억 달러 규모의 사업을 창출하는 방법을 소개한다. 충분히 시도해 볼 만한 가치가 있는 일이긴 하지만, 그러한 사업을 구축하려면 얼마나 많은 비용이 들지 감이 잡힐 것이다. 여기서 말하는 '비용' 역시 돈 이상의 의미를 내포한다.

"왜 더 많은 사람들이 〈B〉 타입의 사업을 시작하지 않나요?"라는 질문에 대한 보다 상세하고 구체적인 답변은 『부자 아빠의 투자 가이드』에서 얻을 수 있다. 간단히 말하면 '비용이 만만치 않은 데다 쉽지 않기 때문이다.'

더 적은 비용으로 〈B〉 타입의 사업을 시작하자

네트워크 마케팅 사업이 지닌 세 번째 가치는 누구나 적절한 비용과 훨씬 적은 노력으로 〈B〉 타입의 사업을 시작할 기회를 잡을 수 있다는 점이다. 나는 네트워크 마케팅 사업을 조사하면서 내 부자 아빠가 구축하도록 가르친 똑같은 사업 시스템이 이미 만들어져 있다는 사실을 알았다. 그리고 그 시스템은 〈B〉 사분면으로 들어가고 싶어 하는 사람들을 기다리고 있었다. 네트워크 마케팅 회사들은 이미 〈B〉 타입의 사업을 구축하는 데 필요한 시간과 돈을 투자해 놓은 상태다. 그러니 당신은 500달러도 안 되는 적은 돈을 투자하기만 하면 된다. 그러면 바로 사업을 시작할 수 있다.

일단 그 사업에 참여한 다음에는 자신에게 적합한 속도로 기존의 계획과 사업 스타일을 따라가기만 하면 된다. 그 이상 더 무얼 바라겠는가? 〈B〉 타입의 사업 구축에 필요한 지식과 경험, 판단력을 얻기 위해 내가 치러야 했던 고통과 비용 등을 생각해 보면, 누구든 사업을 시작할 수 있도록 그 과정을 쉽게 만들어놓은 네트워크 마케팅 시스템에 감탄하지 않을 수 없다.

역사적으로 〈B〉 사분면은 부자들만의 영역이었다. 사실상 〈E〉와 〈S〉 사분면에 있는 사람들은 〈B〉 그룹의 사람들을 위해 일하지만 〈B〉 사분면의 진실에 관해선 제대로 알지 못한다. 또 학교에서는 〈E〉나 〈S〉 사분면의 삶을 살도록 교육할 뿐, 〈B〉 사분면의 사업을 시작하는 데 필요한 것이 무엇인지는 가르치지 않는다.

그러나 네트워크 마케팅 사업은 〈B〉 사분면으로 진입하는 길을 제시해 준다. 그러기 위해서 먼저 부자가 될 필요도, 〈E〉나 〈S〉 사분면에서 성공하도록 가르치는 학교에 값비싼 교육비를 쏟아 부을 필요도 없다. 네트워크 마케팅 사업은 '평등한' 활동 공간을 제공한다. 그 시스템을 따르고 〈B〉 사업의 세계에 발을 들여 놓으려는 누구에게든 엄청난 부를 잡을 수 있는 기회를 제공하는 것이다.

성공은 돈으로 판단할 수 없다

내가 이번 장 서두에서 언급한 강연에서 또 다른 사람이 질문했다.

"네트워크 마케팅 사업을 통해 그처럼 낮은 비용으로 〈B〉 타입의 사업을 시작할 수 있다면, 그 시스템의 정상까지 올라가는 사람은 왜 그렇게 적은가요?"

나는 질문해 줘서 고맙다고 인사한 다음 이렇게 대답했다.

"중요한 것은 몇 사람이 정상의 자리에 오르느냐가 아니라, 몇 사람에게 정상의 자리가 열려 있느냐 하는 것입니다. 단 한 사람에게만 최고의 자리가 주어지는 전통적인 기업과 달리, 네트워크 마케팅 시스템의 최고 자리는 누구에게나 열려 있습니다. 하지만 실제로 많은 사람들이 거기까지 오르지 못하는 이유는 그들이 너무 빨리 포기하기 때문이지요."

그는 머리를 끄덕이더니, 잠시 생각한 후 이렇게 물었다.

"최고의 자리가 누구에게나 열려 있는데 왜 그들은 포기한다고 생각하십니까? 왜 어떤 사람은 최고에 거의 이르렀는데도 포기할까요?"

"아주 좋은 질문입니다." 나는 잠시 생각을 가다듬은 후 대답을 이어나갔다. "사람들이 네트워크 마케팅 사업의 정상에 이르지 못하는 이유는 다양합니다. 하지만 나는 내 생각과 내가 목격한 것만을 말씀드릴 수밖에 없습니다."

"그러면 당신이 목격한 것은 무엇인가요?" 젊은 여성이 물었다.

"대개 사람들은 돈을 벌려는 목적으로 가입합니다. 그들은 처음 몇 달, 혹은 몇 년 동안 큰돈을 벌지 못하면 낙담하여 포기하고는 네트워크 마케팅 사업을 욕하기 시작하죠. 또 어떤 이들은 보다 나은 보상 계획을 가진 회사를 찾아 갑니다. 단기간에 돈 몇 푼 더 벌자는 욕심은 이 사업에 참여하는 이유가 될 수 없습니다."

"돈 때문이 아니라면, 왜 사람들에게 이 사업에 가입하라고 권하나요?" 강연을 듣던 다른 참석자가 물었다.

"두 가지 이유가 있습니다. 첫째, 자신을 돕기 위해서이고 둘째, 다른 사람들을 돕기 위해서입니다. 이 둘 가운데 한 가지 이유만으로 가입한다면, 그 시스템에서 큰 성과를 보지 못할 겁니다."

"한 가지만으론 충분하지 않다고요? 그게 무슨 뜻입니까?"

강의를 듣는 사람들은 네트워크 마케팅 사업에 점점 더 관심을 보이기 시작했다.

"당연히 그렇습니다." 내가 대답했다. "첫 번째 이유인 자신을 돕는다는 것은 이 사업을 함으로써 사분면을 바꿀 수 있음을 의미합니다. 사람들은 대체로 〈E〉나 〈S〉 사분면에서 〈B〉 사분면으로 옮기고 싶어 하지요."

"그런데 그게 쉽지 않은 이유가 뭔가요?" 젊은 남자가 물었다. "나는 대학을 졸업했습니다만 왜 내게는 그런 사분면 이동이 어려운가요?"

"그것 역시 좋은 질문이군요." 내가 대답했다. 그리고 네트워크 마케팅의 첫 번째 가치, 즉 '삶을 변화시키는 교육'에 대해 설명해줬다. 또 사분면을 바꿀 때는 정신적, 감정적, 신체적, 영적인 변화가 필요하며, 대학 학위를 따는 것보다 더 많은 시간이 들 수도 있다고 설명했다.

"내 부자 아빠는 내가 〈B〉와 〈I〉 유형의 사고방식을 갖도록 가르치는 데 30년 이상이 걸렸습니다. 그리고 나는 지금도 그 두 사분면에서 더 능숙하고 현명해지는 법을 배우고 있습니다. 그렇기 때문에 네트워크 마케팅 회사의 교육 시스템이 제품과 보상 계획보다 더 중요한 겁니다."

"그렇다면 일반적으로 사람들이 사분면을 이동하기 어려운 이유는 무엇이지요?" 같은 남자가 물었다.

"돈 때문입니다." 나는 주저없이 대답했다. "돈 때문에 어려운 겁니다."

"네?" 다른 사람이 의아하다는 듯 되물었다. "시작할 때 많은 비용이 들지 않는다면서, 왜 돈 때문이라는 거죠?"

"전형적인 〈E〉와 〈S〉 사분면의 사람들은 돈이 목적이 아닌 경우에는 일을 하지 않기 때문이지요. 그들의 핵심은 돈입니다."

"그러면 사업가인 〈B〉나 투자가인 〈I〉 그룹 사람들의 핵심은 무엇인가요?" 그는 내 말에 약간 화가 났다는 듯이 물었다. "그들은 돈을 위해서 일하지 않는다는 뜻인가요?"

"아닙니다. 그들 역시 돈을 위해서 일하기는 하지만 그 방식이 다릅니다." 나는 아주 깊은 핵심 가치를 건드렸음을 깨달았다. 사람이란 자신이 중요하게 생각하는 핵심 가치에 혼란이 생기면, 노여움이 생기기 마련이다.

"좀 더 자세히 설명해 주시지요." 또 다른 중년 남자가 요구했다.

"사업가 자산을 구축하거나 창출합니다. 이때 자산이란 '사업 시스템'을 뜻하지요. 또 투자가는 그 자산, 즉 사업 시스템에 투자합니다."

"그래서 어떤 차이가 있다는 건가요?" 한 젊은 여자가 물었다.

"〈B〉나 〈I〉 사분면에서는 수년 동안 대가를 받지 못할 수도 있습니다. 아예 한 푼도 못 벌 수도 있고요. 하지만 전형적인 〈E〉와 〈S〉 그룹 사람들은 보수를 받지 못할 것 같으면 일을 하려 들지 않지요. 수년 동안 급료를 못 받을 위험이 있는 일은 절대 안 합니다. 그건 그들이 중요시하는 핵심 가치에서 벗어나니까요. 리스크나 '뒤로 미루는 만족' 따위는 그들을 감정적으로 혼란스럽게 할 뿐입니다."

"뒤로 미루는 만족이라니요?" 그 젊은 여자가 물었다. "리스크에 따르는 두려움은 이해가 갑니다만……?"

"그것은 감성 지능(Emotional Intelligence)과 관련된 중요한 감정입니다."

"감성 지능이요?" 대학을 졸업했다는 남자가 질문했다. "학문적 지능과 다른 겁니까?"

"아주 많이 다르죠. 대체로 감성 지능이 높은 사람이, 학문적 지능은 높지만 감성 지능은 낮은 사람보다 더 뛰어난 재능을 발휘합니다. 이는 우수한 학교 성적을 받은 사람이 실제 사회에서는 그렇지 못한 이유를 부분적으로 설명해 주는 거죠."

대학을 졸업했다는 남자가 손을 들었다. "그러니까, 사람들은 대부분 학교를 졸업하자마자 〈E〉 사분면의 고소득 직업을 구하지만, 〈B〉 사분면의 사람들은 〈B〉 유형의 사업을 구축하는 데 많은 시간을 투자하고, 수년 동안 그 투자에 대한 보상을 받지 못할 수도 있다는 것을 각오한다, 그게 바로 만족을 뒤로 미루는 거란 말씀이시죠?"

나는 고개를 끄덕였다. "내가 베트남에서 돌아왔을 때, 전장에 나가지 않았던 내 친구들은 차근차근 경력을 쌓고 있었습니다. 급료도 꽤 두둑하게 받기 시작했지요. 하지만 나는 그들이 간 길을 밟지 않고 부자 아빠에게 사업을 시작하는 방법을 배웠습니다. 도중에 경제적 파탄을 겪기도 했지요. 1975년에서 1985년 사이에 일어서려고 안간힘을 썼지만 그럼에도 실패를 거듭했습니다. 그때 내 아내인 킴과 나는 3주 동안이나 집 없이 거리를 떠돌기도 했습니다. 하지만 〈E〉나 〈S〉 사분면으로 돌아가지 않았어요. 1986년쯤엔 상황이 호전되기 시작했고, 1994년에 우리는 사업체를 팔고 은퇴 후 경제적 자유를 얻었습니다. 그때 나는 47세, 아내는 37세였지요. 충분한 투자 자본을 가진 우리는 백만장자의 대열에 합류하게 되었습니다. 그때도 여전히 내 친구들은 연봉 10만~25만 달러를 꿈꾸면서 직장에 매여 있었지요. 이것이 바로 '뒤로 미루는 만족'의 힘이며, 〈B〉 사분면에서 열심히 일해서 얻을 수 있는 결과입니다. 직장에서 일하면서 안정이라는 환상에 집착해서 얻는 것과는 다른 결과지요. 우리는 공식적인 직업은 없지만 연간 수백만 달러를 벌고 있습니다. 단지 사업을 구축하고 투자를 함으로써 벌어들이는 돈이지요."

그가 다시 손을 들었다. "그래서 감성 지능과 사업 기술이 결합하면 그 무엇보다 강력한 교육 효과를 발휘한다는 거군요."

"그렇습니다. 네트워크 마케팅 교육의 매력은 바로 사업 기술뿐 아니라 감성 지능까지 개발하는 데 초점을 둔다는 점에 있습니다."

"당장 코앞의 이익이 아니라 먼 앞날의 보상을 위해 노력하라는 의미로군요?" 또 다른 학생이 말했다.

"맞습니다. 감성 지능에 관한 최근 연구를 보면, 대개 만족을 잠시 미뤄둘 줄 아는 사람들이 그렇지 못한 사람들보다 성공적인 삶을 산다고 합니다."

"그렇다면 뒤로 미루는 만족의 반대 개념은 탐닉이나 중독 정도로 봐야겠군요?" 젊은 여성이 질문했다.

"좋은 예를 들어주셨군요. 뭔가를 탐닉하거나 뭔가에 중독된 사람은 특정 외부 자극에 대해 감정적 저항을 할 줄 모릅니다. 알코올 중독자가 술 앞에서 '안 돼요.' 라고 말할 줄 모르듯이 말입니다. 감정적, 신체적으로 못 견뎌하며 심지어는 마음속으로 '마시면 안 돼.' 라고 되뇌면서도 끊임없이 술을 갈망하죠. 흡연자도 마찬가지입니다. 담배를 탐닉하는 사람에게 '담배 피우지 마세요.' 라거나 '흡연은 당신과 주변 사람에게 치명적일 수 있습니다.' 라고 말하면 이성적으로는 알아들으면서도 감정적, 신체적으로는 저항할 수가 없지요. 일단 탐닉이나 중독 상태에 빠지면 만족을 미루지 못합니다. 흔히 말하는 의지력을 잃어버리는 겁니다. 그런 사람들은 음식, 섹스, 흡연, 알코올, TV 앞에서 욕망을 자제하지 못합니다. 결국 만족을 뒤로 미루지 못하는 것은 감성 지능이 낮다는 표시지요."

"그러면 돈에도 중독되나요?" 다른 학생이 질문했다.

"예, 대부분의 사람들이 그렇습니다. 그게 아니라면, 돈과 관련된 정신 이상 증세들을 어떻게 설명할 수 있을까요? 사람들은 자신이 싫어하는 일을 하면서, 그리고 자신의 필요나 바람에 못 미치는 봉급을 받으면서 인생을 보냅니다. 삶을 낭비하는 거죠. 돈 때문에 강도짓을 하는 사람들도 있습니다. 정신 나간 행동을 얘기해 볼까요? 어떤 이들은 돈 때문에 결혼하고, 어떤 이들은 돈을 쌓아두고 구두쇠처럼 살지요. 내가 보기엔 정말 정신 나간 행동들입니다."

"그래서 〈E〉나 〈S〉 사분면에서 〈B〉 사분면으로 옮겨 가는 게 어려운 이유가 바로 돈 때문이라고 한 거군요? 네트워크 마케팅 시스템의 최고에 이르지 못하는 이유도 돈 때문이고요. 처음 한두 해 동안 많은 돈을 못 벌면 쉽게 포기한다는 말이죠? 사분면 이동을 위해 정신적, 감정적, 신체적, 영적으로 변화를 꾀하는 게 아니라 사분면을 바꿀 생각은 않고 돈만 더 벌고 싶어하니까요." 젊은 여성이 요약을 해주었다.

"정확히 말씀하셨습니다." 나는 기다렸다는 듯이 대답했다. "저보다 더 쉽게 잘 요약하셨습니다. 여러분 모두가 제 말에 동의하진 않을 겁니다. 그러길 기대하지도 않고요. 하지만 어쨌든 제 생각은 그렇습니다."

"그래서 네트워크 마케팅 회사의 교육 시스템이 중요하다고 강조하는 거군요. 당신이 높이 사는 것은 그 회사 프로그램의 감정적 교육이나 감성 지능 측면이군요."

"그렇습니다." 나는 대답했다. "학교 교사였던 내 가난한 아빠는 집으로 날아오는 청구서 요금을 지불할 고정된 봉급과 직장의 안정성에 완전히 중독된 분이셨습니다. 만일 그런 안정성이 어떤 식으로든 위협을 받으면 무척 당황해 할 겁니다. 화가 나서 어쩔 줄 몰라 이렇게 말하겠지요. '어쨌거나 돈을 많이 벌어야 한다. 청구서 요금을 지불해야 하니까. 일을 하지 않으면 봉급을 받을 수 없다.'라고요."

"그 분은 자선에 대해선 어떻게 생각하셨나요?" 또 다른 사람이 질문했다.

"물론, 중요시했습니다. 그 분은 자선의 가치를 인정했고 기꺼이 시간을 내서 헌신했지요. 내 두 아버지 모두 관대한 분들이셨습니다. 하지만 자선이나 자원 봉사를 사업 구축이나 뒤로 미루는 만족과 혼동하지는 마세요. 분명히 다르거든요."

"그러니까, 당신의 가난한 아빠는 봉급에 중독되었다는 뜻이군요?" 또 다른 참석자가 말했다.

"맞습니다. 제 가난한 아빠는 돈이 떨어질지 모른다는 두려움 때문에 안정적인 직장과 고정된 수입을 가장 중요한 핵심 가치로 여겼습니다. 부자 아빠와 달리 〈B〉 사분면의 사업체를 만드는 데에는 시간을 투자하지 않았지요."

아까 그 대학 졸업생이 손을 들고 말했다. "어떤 사분면에 속할지 결정해 주는 것은 학문적 훈련이 아니라 감정이라는 것, 그게 당신이 말하고 싶은 점입니까?"

"그렇습니다. 최근 〈B〉와 〈I〉 사분면에서 큰 성공을 거둔 유명한 사람들을 떠올려 보십시오. 포드 사의 창립자인 헨리 포드, 제너럴 일렉트릭을 창립한 토머스 에디슨, 마이크로소프트의 빌 게이츠, 델 컴퓨터의 마이클 델, 이들 세계 최고 부자들은 모두 아시

다시피 학교를 중퇴했습니다."

"그럼 학교에 다니지 말라는 얘기입니까?" 그 대학 졸업생이 이의를 제기했다.

"아뇨, 물론 아닙니다. 오늘날 학교 교육은 그 어느 때보다도 중요합니다. 나는 단지 빌 게이츠, 마이클 델, 혹은 바디숍의 애니타 로딕 같은 사업가가 되기를 꿈꾸는 사람의 경우를 말하는 겁니다. 많은 네트워크 마케팅 회사가 전통적인 학교에서는 찾을 수 없는 교육을 제공합니다. 〈B〉와 〈I〉 사분면의 정신적, 감정적, 신체적, 영적 교육 말입니다."

〈B〉 사분면의 사업을 구축할 때 들어가는 것은?

강연도 막바지에 접어들어 약 30분 정도가 남아 있었다. 나는 사람들에게 하고 싶은 질문이 더 있는지 물었다. 그러자 한 참석자가 질문을 던졌다.

"그러면 〈B〉 사분면의 사업을 구축하는 데에는 어느 정도의 시간과 비용이 드나요? 가령 내가 네트워크 마케팅 사업을 택하지 않고, 스스로 〈B〉 타입의 사업체를 설립한다면 시간과 비용이 얼마나 들까요?"

나는 잠시 생각한 후 입을 열었다. "최소한 5년에다 5백만 달러 정도가 듭니다. 운이나 시장 상황, 경험, 교육, 기술, 적절한 타이밍 등에 상관없이 최소한 그만큼은 필요합니다."

"나는 5년이란 시간은 있지만, 5백만 달러는 없는데요. 어떻게 하면 그 돈을 마련할 수 있을까요?" 그가 물었다.

"여러 가지 방법이 있습니다. 그러나 다시 강조하지만, 그게 전부 다 〈B〉나 〈I〉 사분면 교육 내용과 관련이 있는 겁니다. 제 얘길 다시 들어보십시오."

"……?"

"대개 사람들을 가로막는 방해물은 다름 아닌 '돈'입니다. 내게는 여러분이 속으로 '뭐, 5백만 달러씩이나?' 라고 비명을 지르는 게 들립니다." 나는 잠시 말을 멈추고 강연장을 둘러보았다. 그리고 내 말에 공감하는 사람들의 눈빛을 읽을 수 있었다. "내 말이 맞나요? 여러분을 가로막고 있는 것은 바로 돈입니다."

몇 사람이 고개를 끄덕였다. 몇몇은 나를 노려보았다. 마침내 고개를 끄덕인 이들 가운데 용감한 사람 한 명이 말문을 열었다. "당신 말은 우리가 돈 때문에 〈E〉와 〈S〉 사분면을 벗어나지 못한다는 뜻인가요? 그리고 당신은 돈의 필요성에 구애받지 않았다는 얘기고요."

나는 말없이 고개를 끄덕였다. 그리고 잠시 후 부드럽게 말했다. "그것이 바로 내가 네트워크 마케팅 교육 시스템을 권하는 이유입니다. 내 부자 아빠가 가르쳐준 중요한 교훈 중 하나는, 당장 자금이 부족하다고 해서 성취하려는 목표를 포기해서는 안 된다는 것이었습니다. 여러분도 그 사실을 깨닫는다면 돈의 중독성을 이겨낼 수 있습니다. 대다수 사람들의 삶을 통제하는 그 중독성 말입니다."

"당신이 무일푼이라 해도, 사업을 시작할 5백만 달러를 마련할 수 있다는 겁니까?"

"저는 실제로 여러 번 그랬습니다. 사실 오늘날 내가 하는 일도 그것입니다. 하지만 여러분과 다른 점이 있다면 나는 부자 아빠한테서 훈련을 받았다는 겁니다. 만일 여러분이 그것을 배우는 데 10-20년의 세월을 투자하고 수백만 달러의 위험 부담을 안을 각오가 되어 있다면, 도전해 보십시오. 단, 맨 처음부터 시작해야 합니다. 하지만 그냥 자기가 하던 일을 하면서 여유 시간을 활용하고 싶다면, 즉 다소 적은 리스크와 비용이 들길 원한다면 다른 방법을 찾아야 합니다. 즉 〈B〉나 〈I〉 사분면의 사고방식을 교육하는 네트워크 마케팅 회사를 찾으라는 얘기입니다."

나의 조언자가 되어 주시겠습니까?

내가 원고를 집어 들고 단상을 막 내려오려 할 때, 어떤 사람이 손을 들고 말했다. "당신을 나의 조언자로 삼을 수 있도록 당신 회사에서 일하게 해 주시겠습니까?"

나는 자리에 멈춰 서서 원고를 다시 내려놓았다. 그리고 감정을 최대한 자제하려고 애쓰며 천장을 잠시 올려다본 후 입을 열었다. 내가 마지막 질문 때문에 기분이 상했을 거라고 생각했는지 강연장 안은 찬물을 끼얹은 듯이 조용했다.

"나는 '당신이 쓴 『부자 아빠 가난한 아빠』의 열렬한 애독자입니다.'라고 하는 사람들의 편지를 자주 받습니다. 그들은 이렇게 말합니다. '내게 좋은 아이디어가 있어요. 당신이 천 달러를 투자하고, 내가 아이디어를 제공하면 어떨까요? 한번 파트너가 되어 일해 봅시다.' 또는 '내게 일자리를 주십시오. 당신을 조언자로 삼을 수 있도록 말입니다.'라고 하죠. 왜 내가 동업하는 조건으로 천 달러를 투자하거나, 일자리를 원하는 사람의 조언자가 되고 싶어 하지 않을까요?"

사람들은 내 질문에 다소 당황하는 분위기였고 긴 침묵이 흘렀다. 마침내 한 참석자가 용기를 내어 손을 들었다. "글쎄요, 아이디어를 제공한 사람에게 대가를 지불하는 게 뭐가 잘못인가요?"

"좋은 질문입니다." 나는 말했다. "훌륭한 아이디어는 많습니다. 사람들은 머릿속에 수백만 달러의 가치가 있는 아이디어를 갖고 있지요. 문제는 그 아이디어를 '실제' 수백만 달러로 전환시키는 법을 모른다는 겁니다. 그렇다면, 왜 내가 아이디어를 낸 사람에게 천 달러를 지불하려고 하지 않을까요?"

앞서 말했던 대학 졸업자가 손을 들고 말했다. "당신이 그들과 동업을 원하지 않기 때문이겠죠."

"바로 그겁니다. 나는 돈이 필요한 사람들과는 동업하지 않습니다. 우선 돈부터 손에 쥐려고 하는 이들은 대개 〈E〉나 〈S〉 사분면 사람들입니다. 나는 〈E〉나 〈S〉 사분면 사람에게는 보수를 지불하지만, 〈B〉나 〈I〉 그룹에서 내 파트너가 되고자 하는 사람에게는 지불하지 않습니다."

"그건 공정하지 못해요." 또 다른 사람이 큰 소리로 말했다. "뭔가를 제공했다면 대가를 받아야 마땅합니다."

"동감입니다." 내가 말했다. "하지만 중요한 건 '언제' 대가를 받느냐는 겁니다. 〈E〉와 〈S〉 그룹 사람들은 어김없이 봉급이나 보수를 받습니다. 또 그들은 일한 대가가 확실히 보장되기를 바라죠.

하지만 나 같은 〈B〉 그룹 사람은 사업체를 만들고, 또 그게 성공을 거두어야만 돈을 손에 쥐게 됩니다."

나는 사람들에게 잠시 생각할 시간을 주었다. 그리고 마지막으로 중요한 점을 언급했다.

"아까도 말했지만, 많은 이들이 내 책의 열렬한 팬이라고 말합니다. 그러나 아쉬운 점은, 그들이 『부자 아빠 가난한 아빠』의 핵심 포인트를 이해하지 못한다는 겁니다. 바로 '부자 아빠의 첫 번째 교훈' 말입니다. 혹시 기억하는 분이 계신가요?"

다시 침묵이 흘렀다. 얼마 후 한 사람이 책을 꺼내 펼쳤다.

"여섯 가지 교훈 가운데 첫 번째는 '부자들은 돈을 위해 일하지 않는다.' 이군요."

나는 고개를 끄덕였다.

"여러분, 내가 시간당 십 센트씩 받은 적이 있다고 한 걸 기억합니까? 내가 급여 인상을 요구했던 것을 기억합니까? 또 부자 아빠가 그걸 그만두게 하고 무보수로 일하라고 가르쳤던 것도 기억하나요?"

사람들이 고개를 끄덕였다. "그럼, 만일 돈을 위해 일하지 않는다면 무엇 때문에 일하나요?" 한 참석자가 질문했다.

"나는 자산을 '구축하기 위해' 일합니다. 그것이 바로 〈B〉 그룹 사람들이 일하는 방식입니다. 또는 자산을 '얻기 위해' 일합니다. 그것이 바로 〈I〉 그룹 사람들이 일하는 방식이죠. 일단 어느 정도 자산을 갖게 되면, 그 다음엔 그 자산이 내게 돈을 벌어다 줍니다. 나는 단지 돈을 위해 일하지 않습니다. 자산을 보유하는 게 중요하니까요. 그러한 자산은 나를 더 부자로 만들어주고, 일은 점점 줄

어듭니다. 그게 바로 부자들의 방식입니다. 반면 가난한 사람들이나 중산층 사람들은 돈을 위해 죽어라 일한 뒤, 자산에 투자하지 않고 부채만 짊어지게 되지요."

"그러면 네트워크 마케팅 사업은 어떤 종류의 자산인가요?" 한 젊은 여성이 질문했다.

"이런!" 나는 크게 외쳤다. "생각나게 해줘서 고마워요. 중요한 걸 잊을 뻔했네요. 네트워크 마케팅 사업에서 성공하려면 두 가지가 필요하다는 것, 기억하십니까?"

참석자들은 모두 고개를 끄덕였다. "지금까지 첫 번째를 다뤘습니다. 바로 자신을 돕는 거죠, 맞나요?" 나는 물었다.

"스스로를 돕기 위해 〈B〉 사분면으로 옮겨가라, 그런 말이죠?" 한 여성이 말했다.

"맞습니다. 그러면 두 번째는요?"

"다른 사람들을 돕는 거요." 몇몇 참석자들이 동시에 대답했다.

"다른 사람들을 돕는다는 게 무슨 의미인가요?" 나는 질문했다.

잠시 침묵이 흘렀다. "다른 사람들이 돈을 벌도록 돕는다는 얘긴가요?" 마침내 누군가 과감히 말했다.

나는 웃으면서 머리를 흔들었다.

"돈 얘기가 또 나오는군요. 네트워크 마케팅 시스템의 매력은, 만일 사분면의 왼쪽을 떠나 〈B〉와 〈I〉 사분면에서 성공하게끔 다른 이들을 돕지 않으면 당신도 많은 돈을 벌지 못한다는 겁니다. 다른 사람을 돕는 데 초점을 맞춘다면 당신은 성공할 수 있습니다. 하지만 만일 자기 혼자만 〈B〉와 〈I〉 사분면으로 가고자 노력한다면 네트워크 마케팅 시스템은 효과를 내지 못합니다. 자신만이

⟨B⟩ 사분면 사람이 되라고 교육하는 전통적인 비즈니스 스쿨을 다니는 것과 다를 바가 없지요."

"만일 내가 네트워크 마케팅 사업에 가입하면, ⟨B⟩와 ⟨I⟩ 사분면에서 성공하기 위해 나 스스로도 노력하고, 다른 사람들도 그렇게 되도록 도와야 한다는 얘긴가요?"

"그 두 가지를 명심하지 않으면 네트워크 마케팅 시스템은 무용지물입니다. 네트워크 마케팅 사업의 매력은 바로 이것입니다. 당신이 자산, 즉 당신 아래에 속하는 ⟨B⟩ 사분면 사람들을 만들고, 또 그들은 자신 아래에 속한 다른 ⟨B⟩ 사분면 사람들을 만든다는 겁니다. 하나의 ⟨B⟩ 사분면 사람이 존재하고 그를 위해 일하는 수많은 ⟨E⟩와 ⟨S⟩ 사람들이 존재하는 전통적인 비즈니스 형태와는 다른 것이지요."

그러자 대학 졸업생이 덧붙였다.

"오히려 전통적인 기업 시스템이 피라미드 형태라는 얘기군요. 맨 위에는 소수의 ⟨B⟩와 ⟨I⟩ 그룹 사람들이 있고 아래로 갈수록 많은 ⟨E⟩의 ⟨S⟩ 그룹 사람들이 있으니까요. 네트워크 마케팅 시스템의 중요한 목표는 보다 많은 ⟨B⟩ 사분면 사람들을 맨 위로 끌어올리는, 말하자면 역(逆) 피라미드 형태인 셈이군요."

"아주 훌륭합니다." 내가 대답했다. "예전에 배웠던 사업 유형은, 내가 최고 자리에 있고 ⟨E⟩와 ⟨S⟩ 타입 사람들이 아래에 있는 유형이었습니다. 맨 위에는 나 말고 다른 ⟨B⟩ 타입 사람들을 위한 자리가 없지요. 그렇기 때문에 나는 내 회사의 직원들에게도 직장 생활을 하는 동시에 네트워크 마케팅을 파트타임 일로 고려해 보라고 추천합니다."

"그렇다면 당신이 직접 네트워크 마케팅 회사를 설립하는 건 어떻습니까?"

"나도 고려해 봤습니다. 그러나 새로 설립하는 것보다 이미 만들어진 시스템을 따르는 것이 쉽다는 걸 알았습니다. 진정 자신의 아이디어로 〈B〉 타입의 사업을 구축하고 싶다면, 『부자 아빠의 투자 가이드』를 읽고 〈B〉 타입의 사업을 시작하려면 무엇이 필요한지 알아야 합니다. 그 다음엔 여러분이 가진 백만 달러짜리 아이디어를 '실제 백만 달러'로 변화시킬 수 있을지 판단해 보십시오. 선택은 여러분 손에 있습니다."

또 다른 여성이 손을 들고 말했다.

"그러니까 하나의 피라미드는 밑에 토대를 두고, 또 다른 피라미드는 마치 거꾸로 된 것처럼 공중에 토대를 두고 있는 거네요. 두 번째 피라미드는 당신을 위로 끌어 올리되 아래로 밀어 내리지는 않는다는 얘기군요."

"내겐 그게 바로 중요한 점이랍니다." 내가 대답했다. "네트워크 마케팅 사업은 지금까지 부자들만의 영역이던 곳에 누구나 들어갈 수 있는 길을 제시해 줍니다. 그렇다면 우리가 스스로에게 던져야 할 질문은 하나뿐입니다. '나는 정말로 부자가 되고 싶은가?'라는 질문 말입니다."

제5장
네트워크 마케팅의 네 번째 가치
부자들이 투자하는 대상에 투자할 수 있다

스스로 사업을 일군 세계 최고의 부자들은
〈B〉와 〈I〉 사분면 양쪽의 힘을 동시에 이용해 돈을 번 사람들입니다.

"현금 거래 없이 부동산을 살 수 있는 방법을 알려주실 수 있나요?"

나는 이런 질문을 놀라울 정도로 자주 받는다. 나는 실제로 그러한 투자가 존재한다는 것을 알고 있다. 하지만 상당히 많은 사람들이 돈 없이 투자할 수 있는 방법을 찾고 있다는 사실은 나를 참으로 당혹스럽게 한다. 그리고 그처럼 현금 없이 부동산에 투자하는 법을 찾는 이유는, 그들이 실제로 지불할 여유 자본이 없기 때문이라는 것도 알았다.

또 이런 질문도 자주 받는다.

"투자할 자본이 5만 달러 있는데, 어디에 투자하면 좋겠습니까?"

그러면 나는 이렇게 되묻는다. "그게 당신이 투자할 총금액입니까? 다시 말해, 그게 당신이 가진 100% 투자 자본입니까?"

"예, 그것이 제가 가진 전부입니다." 대개 사람들은 이렇게 대답한다.

투자 자본이 전혀 없거나 혹은 매우 적은 사람들에게 나는 대체로 이렇게 대답한다. "금융 컨설턴트와 상담을 한 뒤 장기적인 투자 계획을 세우세요." 그리고 "투자는 계획입니다."라고 덧붙여 말해 준다. 투자하기에 앞서 가장 먼저 해야 할 일은 계획을 세우는 일이다. 그런 후 그 계획에 따라 움직여야 한다.

아무나 부자들의 투자에 참여할 수 있는 것은 아니다

어느 지역을 가든지 부자, 중산층, 빈곤층이 존재한다. 이는 세계 어느 곳을 가든 마찬가지다. 그리고 투자 세계도 이와 다르지 않다.

내가 사람들에게 네트워크 마케팅을 알아보라고 권하는 이유는 그 사업이 제공하는 투자 장점 때문이다. 네트워크 마케팅 업계에서 성공을 거두는 사람들은 부자들이 투자하는 대상에 투자할 충분한 자금 능력을 갖추게 된다. 그러나 〈E〉나 〈S〉 사분면의 사람들은 결코 부자들의 투자 대상에 투자할 수 없다. 이유는 간단하다. 그만한 돈을 벌지 못하기 때문이다.

미국 증권 거래 위원회(SEC)는 〈인정받는 투자가〉의 최소 자격 요건을 다음과 같이 규정하고 있다. 이는 일반적으로 부자들이 하는 투자에 필요한 자격이기도 하다.

— 연간 수입이 20만 달러를 넘는 사람.
— 부부의 연간 수입이 30만 달러를 넘는 사람.
— 순재산이 1백만 달러를 넘는 사람.

이와 같은 자격 요건을 갖춘 사람은 전체 미국인의 4% 미만에 불과하다. 이는 극히 소수의 사람들만이 가장 수익성 높은 대상에 투자할 수 있음을 의미한다. 그리고 이것이 부자들만이 더 부자가 되는 이유이기도 하다.

투자를 하는 두 가지 이유

나는 부자 아빠 시리즈의 세 번째 책인 『부자 아빠의 투자 가이드』에서 돈 문제에 관한 두 가지 기본 유형을 다루었다. 하나는 돈이 충분치 않은 경우이고, 다른 하나는 돈이 너무 많은 경우이다. 따라서 사람들이 투자를 하는 데도 역시 두 가지 이유가 존재한다.

1. 사람들은 돈이 충분치 않기 때문에 투자를 한다.
2. 사람들은 돈이 너무 많기 때문에 투자를 한다.

나의 부자 아빠는 오래 전에 두 가지 유형의 돈 문제를 내게 말해 주었다. 부자 아빠는 "모든 사람들은 돈 문제를 갖고 있단다.

심지어는 부자도 마찬가지다. 가난한 사람들은 돈이 충분하지 않다는 문제를, 부자는 돈이 너무 많다는 문제를 갖고 있지. 어른이 되었을 때 너는 어떤 종류의 돈 문제를 갖길 원하느냐?"라고 나에게 물었다. 두 말할 것도 없이, 나는 돈이 너무 많은 문제로 고민하기 위해 계획을 세웠다.

나의 부자 아빠는 또 이렇게 말했다.

"돈이 충분하지 못한 가정에서 자란 사람들은 그것만이 유일한 돈 문제라고 생각한다."

내게는 부자 아빠와 가난한 아빠 두 분이 계셨기 때문에 두 종류의 돈 문제를 모두 목격할 수 있었다. 나의 가난한 아빠는 이렇게 말씀하시곤 했다. "투자할 돈이 있으면 좋을 텐데. 하지만 난 돈을 많이 벌지 못해." 반면 나의 부자 아빠는 이렇게 말씀하셨다. "돈을 너무 많이 벌고 있으니 좀 더 다양한 투자 대상을 찾아봐야겠어. 남는 돈을 투자에 활용하지 않으면 정부한테 세금으로 빼앗기고 말 테니까."

돈이 너무 많아서 투자한다

몇 달 전, 나는 네트워크 마케팅 회사의 리더들과 직원들에게 투자에 관한 강연을 했다. 강연을 들으러 참석한 사람들은 약 2백 명 가량이었다. 네트워크 마케팅 업계의 리더들이 나에게 강연을 부탁한 이유는 간단했다. 투자하는 방법을 가르쳐 달라는 것이었다. 그 회사의 많은 직원들이 '돈이 너무 많다는' 문제를 갖고 있는데, 그 돈을 투자에 활용하는 게 아니라 그냥 낭비하고 있다고 했다. 리더 중 한 명이 내게 이렇게 말했다.

"우리는 사람들이 〈B〉 사분면의 성공적인 사업을 구축하도록 훌륭히 이끌고 있습니다. 하지만 번 돈을 〈I〉 사분면 방식으로 활용하는 방법을 가르치진 못합니다."

결론부터 말하겠다. 일단 그들이 〈B〉와 〈I〉 사분면의 장점을 결합시킬 때 얻을 수 있는 파워를 이해하자, 막강한 경제적 가능성이 존재하는 완전히 새로운 세계가 펼쳐졌다. 대개의 경우 그 깨달음은 지속적인 힘을 발휘하며 그들을 인도했고, 마침내 그들은 '돈'의 신비한 왕국에 발을 들여놓을 수 있었다.

오전 강연은 다양한 투자 전략에 관한 개요를 간략히 설명하는 것으로 끝냈다. 그러고 나서 사람들에게 내가 만든 교육용 보드게임인 〈캐시플로 101〉을 하게 했다. 개중에는 이미 〈캐시플로 101〉을 마스터하고 고급 투자 게임인 〈캐시플로 202〉를 진행하는 이들도 있었다.

게임이 끝난 후 약 한 시간 동안, 각자가 게임을 통해 배운 내용을 발표하는 시간을 가졌다. 사람들이 발표한 내용은 대개 이러했다.

——"나의 경제적 삶 전체가 눈앞에서 섬광처럼 스쳐 지나갔습니다. 나는 돈을 버는 대로 모조리 써버리는 습관을 갖고 있었습니다. 하지만 이제 가난한 사람들의 돈 관리 방식을 버릴 수 있을 것 같습니다. 부자들의 방식으로 돈을 관리하는 법을 배웠으니까요."

——"새로운 회계사를 고용해야겠습니다. 지금 내 회계사도 일을 잘

하는 편이지만, 훌륭한 투자가는 아니니까요."
── "쉽지 않은 게임이군요……. 하지만 현실 생활 자체를 그대로 보여주는 게임입니다. 내 삶을 운영하는 방법을 바꾸고 싶습니다. 애써 번 돈을 헛되이 날려보내는 것은 말도 안 되는 일입니다. 앞으로는 번 돈을 좀 더 신중하게 관리해야겠습니다."
── "상당히 만족스럽습니다. 이제 내가 돈을 위해 열심히 일하는 대신 돈이 나를 위해 열심히 일하게 하는 방법을 배웠으니까요. 이 게임이 내 삶을 완전히 변화시켰습니다."
── "이 게임을 통해 나의 과거, 현재, 그리고 미래 모습을 들여다볼 수 있었습니다. 그리고 내 미래는 과거, 현재와는 아주 다른 모습이 될 겁니다."

오후 강연에서는 전략적 계획을 보다 심도 있게 다루었다. 나는 현금흐름 사분면의 〈B〉와 〈I〉 사분면을 가리키면서 이렇게 말했다. "이제 우리는 이 두 사분면의 힘을 결합하여 활용하는 방법을 공부할 것입니다."

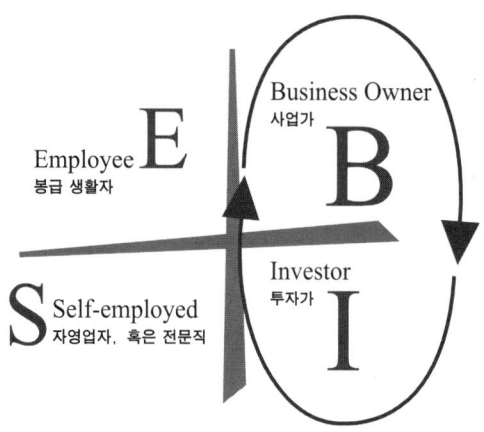

한 참석자가 손을 들고 질문했다.

"사분면에 따라 투자 전략이 다르다는 의미인가요?"

"물론입니다. 몇 년 전, 내 부자 아빠는 사분면을 그린 후 이와 같이 화살표를 그렸습니다."

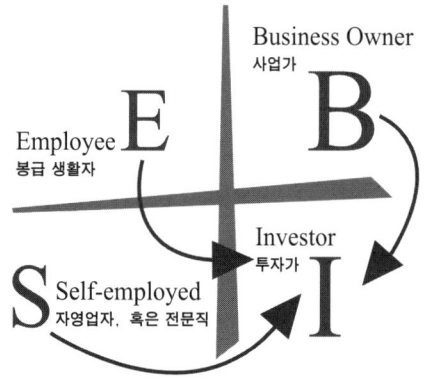

"그 그림은 무엇을 나타냅니까?" 같은 참석자가 물었다.

"각 사분면 사람들이 투자하는 방식을 보여줍니다. 봉급 생활자인 〈E〉 사분면 사람들은 훌륭한 연금 계획이 있는 안전하고 확실한 직장을 찾지요. 투자에서도 마찬가지입니다. 그들은 안전하고 확실한 투자를 원하기 때문에 대개 뮤추얼 펀드에 투자합니다. 이들은 '분산 투자', '장기 투자', '정액 정기 매입' 방식을 선호합니다. 좀 더 흥미진진함을 원하는 사람들은 카지노에 가거나 복권을 삽니다. 하지만 한 가지 분명한 공통점은 이들의 투자 방식은 안전하고 확실하다는 겁니다. 적어도 그들은 그러길 바라지요."

"그러면 〈S〉 사분면의 사람들은 어떤가요? 투자 방식이 다릅니까?" 또 다른 참석자의 질문에 나는 이렇게 설명했다.

"자영업자나 전문직 종사자인 〈S〉 그룹 사람들은 '직접' 투자 방식을 택합니다. 직접 발로 뛰어 무언가를 성취하며, 엄격한 사업 스타일을 지닌 이들은 투자할 때도 마찬가지입니다. 이들은 부동산에 투자할 경우 픽서 어퍼(fixer-upper: 불량 주택. 다른 주택에 비해 낮은 가격에 팔리며, 매입자가 수리하여 잠재적 가치를 최대한 끌어올린다: 옮긴이)를 선호합니다. 자신들이 직접 수리하여 집값을 올릴 수 있으니까요. 또한 경비와 수수료를 절약하기 위해 부동산을 직접 관리, 매각합니다. 화장실이 고장 나 있으면 직접 수리하고요. 이런 투자가들은 두 채나 네 채 단위를 넘어서는 임대 사업에는 거의 손을 대지 않습니다. 생각해 보십시오. 만일 50채 이상이라면 상당히 큰 규모의 투자가 될 것이고, 그러면 너무 힘들어서 전부 일일이 손을 대지 못할 테니까요. 그 많은 화장실들을 수리해야 한다면, 그게 어디 보통 일이겠습니까? 또 이들 '직접 해결

선호족(do-it-yourselfer)'들은 주식 투자를 할 때 스톡 옵션이나 데이 트레이딩을 선호합니다. 이들은 금융 및 경제 잡지를 구독하고 투자 프로그램을 시청하며 스스로 주식 종목을 선택합니다."

"그렇다면 〈B〉 사분면의 사업가와 〈S〉 사분면의 사업체 소유자의 투자 방식에는 어떤 차이가 있나요?" 또 다른 참석자가 질문했다. "당신 설명을 듣고 나니 좀 낭패감이 들어서요."

"어떤 말이 당신을 그런 느낌이 들게 했습니까?" 내가 되물었다.

"나는 두 채의 임대 주택을 소유하고 있습니다. 아까 말씀하신, 고장 난 화장실을 직접 수리하는 사람이죠. 경제지를 읽고 투자 프로그램을 시청하고 연구하여 직접 주식을 고릅니다. 당신 말을 듣고 보니, 나는 〈B〉 사분면에 있으면서도 〈S〉 사분면 방식으로 투자하고 있는 셈이군요."

최고 부자들의 방식으로 투자하기

"충분히 그럴 수 있습니다." 나는 웃으면서 말했다. "그렇지만 적어도 당신은 적극적으로 투자하는 분이군요. 〈S〉 사분면 사람처럼 투자하는 게 반드시 잘못되었다는 얘기는 아닙니다. 하지만 내가 이 자리에 선 이유는 이 말을 해주고 싶어서입니다. 여러분은 〈B〉 사분면에서 일할 용기를 가진 사람들이므로, 최고 부자들의 방식대로 투자할 수 있는 충분한 잠재력 또한 지녔다는 사실 말입니다."

"내 방식대로 투자하는 것은 결국 시간 낭비란 뜻인가요?" 자신이 〈S〉 사분면의 투자가라고 인정한 그 사람이 말했다.

"그렇지는 않습니다. 당신은 귀중한 경험을 쌓고 있으니까요. 단지 당신이 지닌 잠재력을 충분히 활용하지 못하고 있다는 게 안타깝다는 얘기입니다."

"잠재력을 활용하다니, 그게 무슨 의미입니까?" 강연장 뒤쪽에 앉아 있던 내 또래의 한 여성이 질문했다.

"스스로 사업을 일군 세계 최고의 부자들은 〈B〉와 〈I〉 사분면 양쪽의 힘을 동시에 이용하여 돈을 번 사람들입니다."

"그럼, 〈B〉 혹은 〈I〉 사분면 어느 한쪽에만 속하는 사람들이 있다는 얘긴가요?"

"물론입니다." 내가 대답했다. "〈E〉나 〈S〉 사분면 둘 중 하나에만 속하는 사람들이 있는 것처럼 말입니다. 사실, 네트워크 마케팅 사업을 하는 사람들은 대개 하나의 사분면에만 속해 있지요. 그게 바로 내가 여기 서 있는 이유입니다. 〈B〉와 〈I〉 사분면의 힘을 동시에 이용하는 법을 알려주기 위해 강연을 하고 있다는 얘기입니다."

"우리가 잠재력을 최대한 활용하지 못하고 있습니까?" 그 여성이 물었다.

"그렇습니다. 사람들이 네트워크 마케팅 사업과 〈I〉 사분면의 잠재성을 진정으로 이해한다면, 분명 더 많은 이들이 그 사업에 참여할 겁니다. 〈B〉와 〈I〉 사분면이 지닌 힘을 결합시키면 최고 부자들과 똑같은 능력을 가질 수 있습니다. 사실 그들이 그처럼 엄청난 부를 누리게 된 것은 두 사분면의 힘을 최대한 활용했기 때문입니다. 사람들에게 부자나 최고 부자가 되는 길을 가르치려면, 사업을 구축해야 한다는 점을 강조하지 않을 수 없는 이유가 여기에 있습니다."

"최고 부자란 어느 정도 부자를 말하는 것인지요?" 다른 참석자가 질문했다.

"연간 수입 15만 달러에 든든한 은퇴 연금이나 5백만 달러 정도의 투자 포트폴리오를 보유한 사람은 대개 스스로를 부자라고 여깁니다. 그러나 《포브스》는 거의 일하지 않으면서 연간 수입이 백만 달러 이상인 사람을 부자로 정의하고 있습니다. 내 부자 아빠는 최고 부자란 월수입이 백만 달러 이상인 사람이라고 했습니다. 부자 아빠는 그 기준에 꼭 들어맞지는 않았지만, 거의 근접한 분이셨습니다. 나는 이미 부자의 기준에는 도달했으며, 지금은 최고 부자가 되기 위해 노력 중입니다. 이는 여러분과 동떨어진 세상의 이야기가 아닙니다. 여러분에게도 얼마든지 최고 부자가 될 수 있는 잠재력이 있습니다. 〈B〉와 〈I〉 사분면의 경제적 힘만 잘 활용하면 말입니다. 그렇기 때문에 『부자 아빠의 투자 가이드』는 누구보다도 여러분이 꼭 읽어야 하는 책입니다. 〈E〉나 〈S〉 사분면에서 투자하는 사람들 대부분은 그만한 힘을 갖고 있지 않으니까요."

강연을 듣던 참석자들은 모두 조용했다. 잠시 후 잘생긴 청년 하나가 손을 들고 질문했다. "그렇다면, 현재 우리가 엉뚱한 사람들에게 엉뚱한 얘기를 하고 있다는 말씀입니까?"

나는 고개를 끄덕였다. "나는 사람들이 일자리나 돈이 필요해서 네트워크 마케팅 사업을 시작하는 경우를 자주 봅니다. 그리고 여러분의 조직은 그들의 영혼을 자극하고 희망을 심어주며 스스로 사업을 구축할 수 있도록 가르치는 훌륭한 일을 하고 있습니다. 분명 이것은 네트워크 마케팅 업계가 제공하는 매우 핵심적인 서비스입니다. 하지만 이미 경제적 성공은 이루었지만 자신의 수입 능력이 한도에 이른 사람들은 잘 상대하지 않지요. 예를 들어 수입이 15만 달러에서 25만 달러 가량 되지만 그 이상은 벌 수 없다고 생각하는 사람들 말입니다. 대개 〈S〉 사분면 사람들이 여기에 속합니다. 그들이 더 이상의 돈을 벌지 못하는 이유는 단 하나, 〈B〉 사분면 사업이 제공해 주는 레버리지가 부족하기 때문입니다."

"당신 생각과 달리, 우리는 그런 사람들과도 자주 접촉합니다. 또 그 중에 우리 사업에 가입하는 이들도 있고요." 한 참석자가 항변하는 듯한 말투로 끼어들었다.

"압니다. 여러분과 여러분 회사의 노력을 깎아 내리려는 생각은 없습니다. 하지만 처음에 내가 이 사업에 가입하려고 알아볼 당시, 네트워크 마케팅 업계 사람들의 어떤 말도 내 흥미를 끌지 못했습니다. 난 이미 성공적인 사업체를 꾸려가고 있었고 백만장자가 되는 길을 차근차근 밟고 있었기 때문입니다. 만일 그때 단지 손을 내미는 것이 아니라 손을 잡아 위로 끌어 올려주는 식으로 사람들에게 도움을 줄 수 있다는 얘기를 들었다면, 훨씬 많은 관심을 가졌을 겁니다. 다른 이들이 성공하도록 도와줌으로써 큰 부자가 될 가능성을 갖게 된다는 것, 그게 바로 이 사업의 포인트죠."

다시 강연장이 조용해졌다. 마침내 한 사람이 침묵을 깨고 손을 들었다. "당신 말을 듣고 보니 백만장자 되는 게 별것 아닌 것 같네요."

"그렇게 말할 수도 있겠군요." 나는 말을 이었다. "백만장자가 되는 것은…… 분명히 멋진 일입니다. 하지만 요즘은 그리 드문 일이 아닙니다. 유명한 미식 축구 선수 등 프로 운동 선수들 가운데는 백만장자가 많지요. 부자가 될 수 있는 여러 가지 길이 있습니다. 그러나 최고 부자가 되는 방법은 극히 적습니다. 그런데 바로 여러분에게 그 잠재력이 있다는 얘기입니다."

"그러면 우리에게 부족한 게 뭔가요?" 앞서 질문을 했던 젊은 여성이 물었다.

"여러분 회사의 시스템은 사람들을 델 컴퓨터의 마이클 델과 같은 최고 부자로 만들어줄 잠재력을 갖고 있습니다." 나는 계속 말했다. "부자가 되고픈, 더 나아가 최고 부자가 되고픈 욕망을 지닌 사람들에게 말입니다. 남들 얘기가 아닙니다. 분명 여러분도 그런 부의 주인이 될 수 있다고 믿으십시오. 그리고 명심하십시오, 〈B〉와 〈I〉 두 사분면을 최대한 활용해야 한다는 걸 말입니다."

"그런 엄청난 부자가 될 수 있다는 신념이 부족하다는 얘기군요." 한 여성이 물었다.

나는 고개를 끄덕였다. "만일 그런 믿음을 갖지 않고 마음을 닫아버리면 절대 불가능합니다."

"그 믿음을 어떻게 가질 수 있을까요?"

"끊임없이 공부하고 노력하십시오. 당신에게도 충분히 실현 가능하다는 사실을 깨달으십시오. 단, 건성으로가 아니라 열심히 파고들어야 합니다. 그러나 다시 한번 잘 생각해 보길 바랍니다. 여러분은 〈E〉와 〈S〉 사분면 사람들이 거의 가질 수 없는 재정적 능력을 갖고 있는 사람들입니다."

"어째서 그렇죠?" 한 참석자가 물었다.

레버리지의 힘

"대개 〈E〉와 〈S〉 사분면 사람들은 비즈니스에서 가장 중요한 단어인 '레버리지'를 모릅니다."

"레버리지가 무슨 뜻인가요?"

"레버리지는 상당히 여러 가지 의미로 쓰이는 말입니다만, 내가 말하는 레버리지란 '일은 적게 하면서 돈은 더 많이 벌 수 있는 힘'입니다. 〈E〉와 〈S〉 사분면에서 돈을 많이 벌려면 그만큼 더 힘들게 일해야 하죠. 문제는 그들의 개인적인 능력과 시간의 한계로 인해 제한적인 돈밖에 벌 수 없다는 겁니다. 하루에 일에 투자할 수 있는 시간은 정해져 있으니까요."

"우리도 사람들에게 그 얘길 해줍니다. 당신이 말하고자 하는 바는 조금 다른 의미인가요?" 앞에서 질문했던 잘생긴 청년이 물었다.

"내가 네트워크 마케팅 업계를 알아볼 당시, 나에게 가입을 권유한 사람이 세 명 있었습니다. 나는 그들에게 내가 가입해야 하는 이유와 이 사업이 훌륭한 이유를 말해 달라고 했지요. 그러자 사업을 구축할 수 있다는 점, 그리고 많은 돈을 벌 수 있다는 점을 들더군요."

"맞는 말 아닙니까?" 그 젊은이가 반박했다. "그게 우리가 하는 일인데요. 결국 당신이 하는 일도 마찬가지고요. 안 그렇습니까?"

"맞습니다. 나도 사업을 갖고 있습니다. 하지만 돈이 목적은 아닙니다. 사업 시스템은 곧 자산입니다. 사업체를 만드는 건 참으로 힘든 일입니다. 열심히 노력해야 하죠. 하지만 나는 열심히 일하는 걸 좋아하지 않습니다. 나는 하와이가 고향입니다. 천성적으로 게으르고 자유 시간을 좋아하는 인간이라 일보다는 해변에 누워 있거나 서핑하는 것을 더 좋아하죠. 제가 생각해도 우스운 얘깁니다만, 바로 그래서 열심히 사업을 구축하는 겁니다. 전 게으르기 때문에 〈E〉나 〈S〉 사분면에서 일하는 게 싫습니다."

"제가 뭔가 잘못 이해한 건가요?" 젊은이는 내가 자신을 놀리고 있는 게 아닌가 하는 표정이었다. "게으르다, 그래서 열심히 사업을 구축한다……, 아무래도 앞뒤가 안 맞는 것 같습니다."

"따지고 보면 나는 사업가가 아니라는 걸 알면 이해가 될 겁니다. 나는 '투자가' 이니까요. 난 투자 덕분에 풍요로운 생활의 즐거움을 찾았습니다."

"음…… 일단 사업체가 자리를 잡고 순조롭게 경영되면 부동산, 주식, 채권, 여타의 비즈니스나 자산에 얼마든지 투자할 수 있다는 얘기군요. 결국 사업체를 구축함으로써 투자가에게 꼭 필요한 두 가지, 즉 '시간'과 '돈'을 얻을 수 있다는 말이네요."

"그것도 많은 시간과 돈을 말입니다." 내가 조용히 말했다. "나는 두 채의 임대 주택에 투자하거나 화장실을 직접 수리하거나 주식 종목을 고르느라 시간을 허비하진 않습니다. 그건 〈S〉 사분면의 방식, 즉 소규모 투자가들의 방식이죠. 대개 그들은 돈을 벌려고 투자합니다. '돈이 충분치 않기 때문에' 투자한다는 얘깁니다. 하지만 나는 '돈이 너무 많아서' 투자를 합니다. 내가 가진 돈이 많기 때문에, 정부는 내게 어떤 식으로든 투자하게 만들거나 세금으로 빼앗아 갑니다. 〈E〉 사분면 사람들의 경우 선택의 여지가 없습니다. 봉급을 받기도 전에 일부를 세금으로 내야 하니까요. 자연히 그들로서는 이렇다 할 투자 선택권이 없는 셈이죠. 나는 충분한 돈을 벌고, 세금을 내기 전에 투자하기 때문에 여러 형태의 자산이나 주식에 대규모로 투자할 수 있는 겁니다. 나는 부자들이 투자하는 대상에 투자할 자본을 마련하기 위해 사업을 구축합니다. 그리고 여러분 역시 그런 방법으로 최고 부자가 될 수 있습니다."

"당신은 투자 자본을 벌기 위해서 〈B〉 사분면의 사업 구축에만 힘을 쏟는다, 이 얘깁니까?"

"꼭 그런 것만은 아닙니다. 표면적으로 보면 그렇습니다만. 자, 다소 복잡하게 들릴지도 모를 설명을 좀 해도 될까요?" 그런 다음 나는 〈현금흐름 사분면〉 그림을 칠판에 그리고 나서 이야기를 이어갔다.

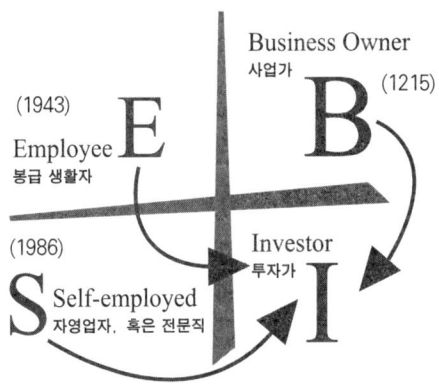

"내 부자 아빠가 어린 나에게 이 그림을 설명해 주던 이야기를 기억하시나요?"

모두 고개를 끄덕였다.

"그럼 여기 적힌 1943, 1986, 1215라는 숫자가 왜 중요한지 아는 분, 계십니까?"

"1215년은 대헌장(Magna Carta)이 승인된 해지요." 한 젊은 여성이 손을 들었다. "영국 왕, 존의 권한을 제한하고 귀족들의 권리를 보장받는 계기가 되었고, 그때부터 부자(귀족)들이 규칙 제정에 영향력을 행사하게 되었지요."

"훌륭한 대답입니다. 그런 상황에서 만일 내게 선택권을 준다면, 나는 분명히 〈B〉 사분면에서 투자할 겁니다. 사업가들이 훌륭한 투자 규칙을 보유하는 경우니까요. 바로 자신들이 규칙을 만들기 때문이죠. 계속 하십시오."

"1773년에 세금 문제와 관련된 반란으로 보스턴 차 사건이 일어났습니다. 결국 그 사건은 미국 독립 혁명의 발단이 되었고요. 당시 미국은 비과세 국가였기 때문에 급속도로 성장할 수 있었습니다. 1943년에는 법이 바뀌어 근로자들의 봉급에서 세금이 먼저 공제되었습니다. 다시 말해, 봉급 생활자들이 급여를 손에 쥐기도 전에 정부가 먼저 일부를 챙기게 된 것이지요."

"제대로 알고 계십니다." 내가 얘기해 준 세금의 역사를 기억하는 사람이 있다는 사실이 다소 놀라웠다. "이후 제2차 세계대전 중에는 세금 납부가 애국적인 국민의 의무라고 떠들었습니다……. 하지만 세금을 낸 사람들은 대부분의 〈E〉 사분면의 봉급 생활자와 노동자들이었습니다. 반면 〈S〉와 〈B〉 사분면 사람들은 세금 납부액과 시기를 조절할 수 있는 힘을 갖고 있었지요."

젊은 여성이 계속 말했다. "1986년 세법이 개정되면서 〈S〉 사분면 사람들에게 불리해졌습니다. 의사, 변호사, 엔지니어, 건축가,

회계사 등 전문직 종사자들에게 말입니다. 부자들이 자신들에게 유리하도록 법안을 교묘히 바꾼 것 같습니다. 부자들은 많이 벌면서 세금은 적게 내지요. 단지 〈B〉 사분면 방식으로 자신의 재정을 운영한다는 점 때문에 말입니다."

〈B〉 사분면의 이점이 〈I〉 사분면에 존재한다

"깊은 관심을 보여주셔서 감사합니다." 내가 말했다. "저보다 훨씬 더 훌륭히 설명해 주셨습니다. 그게 바로 제가 〈S〉가 아닌 〈B〉 사분면의 사업을 하는 이유입니다. 하지만 중요한 건 〈B〉 사분면에 있는 것만으론 충분하지 않다는 겁니다. 그러면 〈B〉 사분면이 지닌 힘을 제대로 활용하지 못합니다."

"〈B〉 사분면만으론 충분하지 않다고요?" 한 참석자가 다소 혼란스럽다는 듯이 말했다.

"그렇습니다. 〈B〉 타입의 사업을 하는 사람은 많습니다. 그러나 모두가 〈B〉 사분면의 힘을 최대로 활용하는 건 아닙니다."

"왜 그렇죠?" 그 참석자가 질문했다.

"〈B〉 사분면의 진정한 힘은 〈B〉 사분면이 아닌 〈I〉 사분면에 존재하기 때문입니다."

잠시 침묵이 흐른 끝에 누군가 질문했다. "잘 이해가 가지 않습니다. 좀 더 정확히 설명해 주시겠습니까?"

"네. 하지만 자세히 말씀드리자면 오늘 강연 시간으로는 부족할 겁니다. 일단 〈I〉 사분면 덕분에 〈B〉 사분면에서의 세법이 유리해진다는 점을 기억하십시오."

강연장이 다시 조용해졌다. 몇몇은 다소 흥분한 모습이었고 어떤 이들은 혼란스러운 표정이었다. 나는 많은 사람들이 〈B〉 사분면의 사업 이상을 뛰어넘으려 하지 않는다는 점을 말하려던 참이었다. 그때 마침 한 여성이 손을 들고 이렇게 말했다.

"그렇지만, 내가 원하는 바가 사업을 구축하는 것뿐이라면 어떻게 하나요? 사업을 구축한 이후에는 반드시 투자를 해야 하나요?"

"아닙니다. 지금 당장은 내가 하는 말이 아마 다소 부담스러울 겁니다. 하지만 만일 여러분이 충분한 여유 자본을 갖기 시작하면, 자신이 〈B〉 사분면의 사업을 택했다는 게 만족스러울 겁니다."

"너무 많은 돈을 가졌다는 문제를 갖게 되는 경우 말인가요?" 다른 참석자가 말했다.

"그렇습니다. 돈을 너무 많이 가지는 문제를 갖게 되면, 〈B〉 사분면의 사업을 구축한 게 다행스럽게 생각될 것입니다. 정부가 더 많은 세금을 내라고 들볶을 때 적어도 여러분은 자신의 돈을 전부 세금으로 빼앗기는 대신 '합법적으로' 투자하는 방법을 갖게 되는 셈이니까요. 세금을 내더라도 법적으로 좀 더 낮은 세율을 적용받게 될 겁니다." 나는 다시 아래와 같은 그림을 그렸다. "이 그림은 부자에게 이점이 돌아가는 틈새를 보여줍니다."

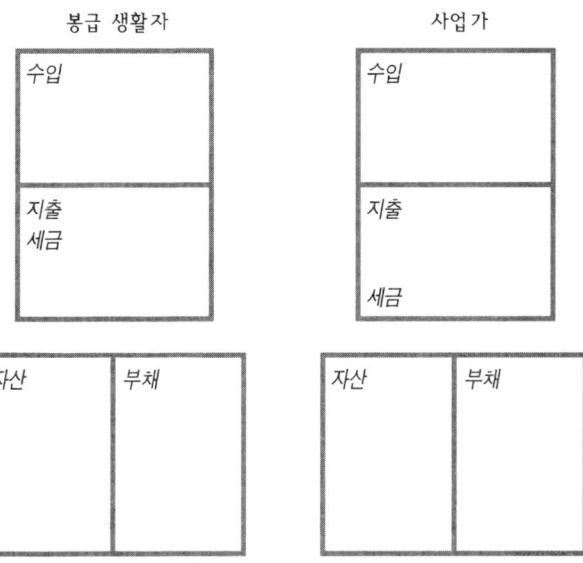

나는 청중 쪽으로 몸을 돌린 후 이렇게 말했다.

"봉급 생활자와 사업가의 재무제표에서 드러나는 차이점은 엄청납니다. 부자 아빠의 두 번째 교훈인 '돈에 관한 지식의 중요성'을 떠올려 보십시오. 학교에서 돈에 관한 지식을 배울 수 없는 이유 가운데 하나는, 바로 봉급 생활자가 되도록 교육하기 때문입니다. 봉급 생활자들이 재무제표를 읽을 줄 안다면, 사장은 점점 부자가 되는 반면, 자신들은 일만 늘어나고 세금을 더 많이 내는 이유를 알 겁니다. 세금은 봉급 생활자들의 지출 내역에서 매우 큰 비중을 차지합니다."

한 여성이 손을 들고 말했다. "그러니까 봉급 생활자들은 세금을 먼저 내지만 사업가들은 나중에 세금을 낸다는 말인가요? 그게 당신이 말하는 '틈새'입니까?"

부자들이 투자하는 대상에 투자할 수 있다

"분명히 그것도 틈새 중의 하나입니다. 하지만 더 많이 있지요."

"정말 공정하지 못하군요." 그녀가 말했다.

"동감입니다. 앞서도 말했듯이 〈B〉 사분면은 훨씬 많은 이점을 갖고 있습니다. 대신 여러분은 세법, 회사법, 보험법, 투자법 등을 잘 알아야 합니다."

"〈B〉와 〈I〉 사분면 양쪽이 결합할 때 최고의 효과를 발휘한다는 건가요?"

"예, 대개 그렇습니다. 나는 세무사나 회계사는 아니지만, 그게 바로 내가 말하고자 하는 바입니다."

"쓸데없는 데 돈을 낭비하고 투자를 제대로 알지 못하면 〈B〉와 〈I〉 사분면의 힘을 이용할 수 없다는 거군요?" 또 다른 참석자가 질문했다.

나는 고개를 끄덕이며 대답했다. "그렇습니다. 바로 그게 내가 말하고 싶은 요점입니다." 나는 보드게임 〈캐시플로〉를 보여주면서 첫 번째와 두 번째 트랙을 손으로 가리켰다.

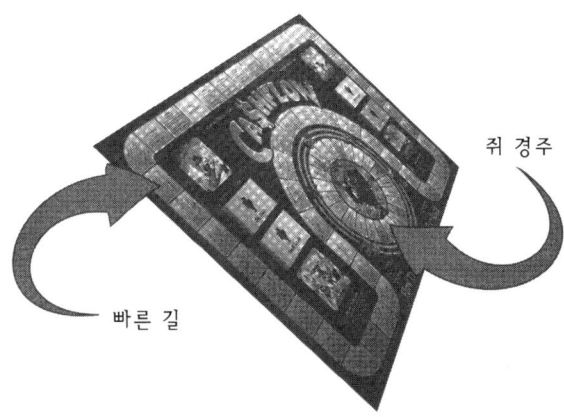

나는 〈쥐 경주〉를 가리키면서 말했다.

"95%의 사람들이 이 〈쥐 경주〉 안에 갇혀 있습니다."

그리고 〈빠른 길〉을 가리키며 말했다.

"이 〈빠른 길〉은 부자들의 투자 방법을 보여줍니다."

참석자들은 다시금 흥미를 느끼며 보드게임을 주시했다. "그 게임은 실제 현실을 보여주는 거군요?"

나는 고개를 끄덕였다. "사람들에게 가능한 많은 것들을 알려주고 싶어서 이 게임을 개발했습니다. 회계, 현금흐름 관리, 투자 및 투자 용어, 전략적 사고방식 같은 것들 말입니다. 또 투자에는 두 세계가 있다는 걸 알리고 싶었습니다. 바로 부자의 세계와, 〈쥐 경주〉 삶에 갇힌 대다수 사람들의 세계입니다. 극히 일부 사람들만이 부자의 방식대로, 즉 〈빠른 길〉에서 볼 수 있는 투자 대상에 투자할 기회를 쥐고 있습니다. 그리고 이곳에 모인 여러분도 그 기회를 갖고 있고요. 하지만 무엇보다도 먼저 자신의 사업을 구축한 뒤 다른 사람들이 사업을 구축하도록 가르쳐야 합니다."

"사업을 구축하는 것이 〈빠른 길〉에서 투자하는 유일한 방법입니까?" 어떤 사람이 질문했다.

"아뇨, 그렇지는 않습니다. 앞에서도 말했듯이, 만일 당신이 일년에 수백만 달러를 벌어들이는 프로 운동 선수나 유명한 영화 배우, 록 가수, 일류 기업의 CEO, 의사라면 얼마든지 〈빠른 길〉로 접근할 수 있습니다. 또 많은 이들이 전문 투자가가 됨으로써 〈I〉 사분면을 통해 〈빠른 길〉에 다다릅니다. 하지만, 최고 부자들은 대개 〈B〉 사분면의 사업을 구축함으로써 〈빠른 길〉에 도착합니다. 〈E〉나 〈S〉 사분면에서 〈빠른 길〉로 들어가는 경우는 극히 드문 경우라 하겠지요."

다시 긴 침묵이 흘렀다. 내 말이 그들의 마음에 깊이 스며들고 있다는 걸 느낄 수 있었다. 마침내 한 참석자가 입을 열었다.

"사업을 구축한 뒤에 〈빠른 길〉에 있는 자산에 투자하면 우리도 최고 부자의 대열에 낄 수 있다는 얘긴가요?"

"그렇습니다." 나는 잠시 멈춘 후 말을 이었다. "분명히 가능하다는 사실을 알아야 합니다. 그렇기 때문에 〈B〉와 〈I〉 사분면 양쪽 모두를 이해할 필요가 있는 겁니다."

다른 참석자가 손을 들고 물었다.

"〈쥐 경주〉에서 볼 수 있는 소규모 투자에 많은 시간을 할애하는 것은 시간 낭비인가요?"

"〈B〉 사분면의 사업을 구축하기 위해 일하는 여러분 같은 분들에게는 적어도 그렇습니다. 사업을 구축한 뒤에 바로 〈빠른 길〉로 도약할 수 있는데, 왜 굳이 소규모 투자로 시간을 허비합니까?"

"하지만 〈쥐 경주〉를 통해 얻게 되는 투자 경험도 중요하지 않은가요?" 한 젊은이가 질문했다.

"중요합니다. 그것도 상당히 중요하지요……. 그러나 실제로 보면, 많은 〈E〉와 〈S〉 사분면 사람들이 〈I〉 사분면을 통해 〈쥐 경주〉를 벗어나려고 애씁니다. 그들은 뮤추얼 펀드를 구입하고, 주식을 고르고, 데이 트레이딩을 하고, 두 채 규모의 임대 주택을 구입합니다. 그것들도 좋은 방법입니다. 하지만 여러분은 그들과 다릅니다. 〈B〉 사분면 사업의 잠재력을 갖고 있으니까요. 소득 제한도, 국제 간 경계도 없는 사업이지요. 소규모 거래를 배워서 훗날의 대규모 거래를 위한 경험을 쌓으십시오. 하지만 대중의 방식대로 투자해서 〈쥐 경주〉를 빠져나오려고 하지는 마십시오. 자신만의 사업을 구축하고 부자들, 다시 말해 돈이 너무 많아서 투자하는 사람들의 방식대로 투자해야 합니다. 돈이 충분치 않은 사람들의 투자법을 따라서는 안 됩니다. 그들은 돈이 부족하기 때문에 투자를 통해 돈을 벌려고 합니다. 돈을 많이 가진 사람들만이 최상의 투자 대상을 얻는 법입니다."

강연장이 다시 조용해졌다. 잠시 후 다른 참석자가 질문을 던졌다. "그렇다면 소규모 투자를 통해 〈쥐 경주〉에서 벗어나려는 건 그리 좋은 생각이 아닌가요?"

"좋은 질문입니다. 제가 질문을 하나 하죠. 실제 삶에서, 〈쥐 경주〉에서 벗어난 사람이 자동적으로 〈빠른 길〉로 진입하는 자격을 갖추게 되나요?"

사람들은 한동안 생각에 빠졌다. 마침내 한 젊은 여성이 대답했다. "그렇진 않아요. 〈쥐 경주〉를 빠져 나오는 사람들은 많습니다. 이론상으로 은퇴 계획을 갖고 있는 사람들은 〈쥐 경주〉를 빠져 나온 셈이니까요. 하지만 〈쥐 경주〉를 벗어났다 해도 실제로는 그 가운데 극소수만이 〈빠른 길〉의 투자를 할 수 있는 자격을 갖춘다고 말씀하지 않았나요?"

내가 질문에 대답하기도 전에 한 노신사가 손을 들었다.

"얼마 되지도 않는 퇴직 연금을 받으려고 평생 일한다는 건 말도 안 되는 일입니다. 저희 회사의 연금이 얼마인지 아세요? 간신히 먹고살 정도밖에 안 됩니다. 내가 아는 사람들 대부분은 은퇴 후 연금이 너무 적어서 결국 아직도 느리고 가난한 〈쥐 경주〉를 하는 사람으로 남아 있습니다."

나는 고개를 끄덕이며 차분히 말했다.

"바로 그래서 제가 여러분에게 강연을 하고 있는 것입니다. 여러분 모두 지금과 전혀 다른 인생을 살 수 있는 잠재력을 갖고 있습니다. 이미 〈B〉 사분면의 사업을 구축하는 길을 택했으니까요. 대다수 사람들은 열심히 일하지만 결국 시간을 허비하고 돈도 잃게 됩니다. 비극이 아닐 수 없지요."

최고 부자에 이르는 길

한 참석자가 손을 들고 말했다.

"당신은 분명 우리가 최고 부자가 될 잠재력을 갖고 있다고 했습니다. 유명한 영화 배우, 가수, 프로 운동 선수, 심지어는 내가 일하는 회사 사장보다도 더 부자가 될 수 있다고요."

"그래요. 당신 사장보다 훨씬 더 많은 돈을 벌 수 있습니다."

"그게 바로 제가 흥미롭게 여기는 부분인데요. 이 사업을 함으로써 어떻게 최고 부자가 될 수 있습니까?"

"우선, 그게 가능하다는 사실을 믿어야 합니다." 내가 대답했다.

"대개 사람들이 불가능하다고 생각하나요?" 또 다른 사람이 물었다.

"가능하다고는 생각하지만, 그저 남의 일로만 여깁니다. 다른 누군가의 얘기일 뿐이지 자신에게는 해당되지 않는다고 생각하죠. 자신도 가능하다고 믿지 않으면 영원히 불가능합니다." 나는 최대한 부드럽게 말했다. "누구나 언젠가는 백만장자가 될 날을 꿈꿈니다. 하지만 한 달에 백만 달러를 벌 수 있는 잠재력을 가진 사람은 극히 일부입니다. 그 실현 가능성이 대부분의 사람들에게는 희박하게 느껴지지요."

"당신은 그 실현 가능성을 갖고 있나요?"

"물론입니다."

"어떻게 그걸 얻었나요?"

"제 부자 아빠가 심어주셨죠." 그리고 잠시 후에 다시 질문했다. "여러분의 부모님은 돈에 관한 어떤 실현 가능성을 가르쳐주셨습니까?"

"한 달에 백만 달러의 수입을 올리는 정도까지는 아니었지만…… 우리 부모님은 연봉 10만 달러를 받을 정도면 부자라고 생각했습니다." 한 젊은이가 대답했다.

"일반적으로 그렇게들 생각하죠." 내가 말했다.

"그럼 어떻게 해야 한 달에 백만 달러, 혹은 그 이상 벌 수 있는 가능성을 지닐 수 있나요?"

"당신 스스로 그런 가능성을 머릿속에 심어놓아야 합니다. 아무도 당신 대신 해줄 수 없어요."

"그렇게 말씀하시는 이유가 뭐죠?" 다른 젊은 여성이 물었다.

"여러분의 눈빛을 읽었기 때문입니다. 여러분 대다수는 그런 실현 가능성을 진정으로 원하지 않고 있습니다. 자신과 상관없는 남의 얘기로만 생각하기 때문이죠. 여러분과 마찬가지로 나 역시 그다지 풍족하지 못한 집안에서 자랐습니다. 우리 부모님은 이렇게 말씀하시곤 했죠. '그걸 살 여유가 없단다.', '땅 파면 저절로 돈이 나오는 줄 아니?', '부자들은 결코 행복하지 않단다.' 등등. 우리 가족의 현실이란 '돈이 충분치 않다' 는 것이었죠. 그 현실에서 벗어나려면 다른 곳으로 눈을 돌려야 했습니다. 그리고 부자 아빠가 그 해답을 보여줬고요. 사실 부자 아빠가 내게 해준 일은, 내게 실현 가능성을 심어주고 그걸 '실제로' 이루어내는 방법을 가르쳐준 게 전부입니다."

"그런 가능성을 우리에게도 주실 수 있습니까?" 그 노신사가 말했다.

"이미 드렸습니다. 이제 남은 문제는 하나, 여러분이 그걸 자신의 현실로 만들고 싶어하는가 하는 것입니다."

노신사가 웃으며 말했다. "무슨 말인지 알겠습니다. 지금 우리 가운데 몇몇은 최고 부자가 된다는 생각을 받아들이고 있지만, 몇몇은 거부감을 느낀다는 얘기지요?"

나는 고개를 끄덕였다.

"몇몇이 아니라 대부분입니다. 사람들은 제 말이 비현실적인 이유를 댑니다. 어떤 이들은 내가 현실성 없는 기대치나 헛된 희망을 심어준다고 비난하지요. 하지만 절대 그렇지 않습니다. 여러분도 느낄지 모르겠지만, 나는 단지 내가 생각하는 가능성과 희망을 나누고 싶을 뿐입니다. 그것이 현실적인지 헛된 꿈인지 판단하는 것은 전적으로 여러분 몫입니다."

"하지만 당신도 최고 부자에 이르지는 못했잖아요?" 노신사가 물었다. "아직도 노력하는 중이라고 했지요."

"정확히 말씀하셨습니다. 현재 저는 꽤 부자입니다. 제 목표는 언젠가 최고 부자가 되는 것이지요. 25년이 넘는 세월 동안 노력해왔으며, 아직 포기하지 않았습니다. 매일매일 그 꿈을 향해 한 걸

음씩 내딛고 있습니다."

"그 목표를 이룰 수 있다고 어떻게 확신하나요?"

"아직은 장담을 못하겠습니다. 사실 그 동안 두 번이나 큰 실패를 겪었으니까요. 하지만 멈추지 않고 달려갈 겁니다." 나는 말을 이었다. "한 가지 확실한 건 분명히 최고 부자라는 목표에 도달한 사람들이 있다는 사실입니다. 빌 게이츠나 마이클 델을 보십시오. 그들은 이미 30대에 이뤄냈습니다. 어쩌면 그 이전일지도 모릅니다."

"우리에게도 그런 잠재력이 있나요?" 젊은 여성이 물었다.

"물론입니다. 내가 네트워크 마케팅 업계에서 만나본 분들 가운데는 최고 부자의 위치에 오른 사람들이 많았습니다. 그들이 사업을 통해 투자한 자산들도 직접 목격했고요. 자기 소유의 거대한 빌딩들, 쇼핑몰, 그들이 대주주로 참여하고 있는 회사들, 넓은 주택 분양지, 농장들……. 만일 그들이 〈E〉나 〈S〉 타입의 사업을 했다면 그런 자산들을 결코 마련할 수 없었을 겁니다. 소득 제한이 없는 〈B〉 타입의 사업을 했기 때문에 가능했던 거죠. 그러니 여러분은 이미 길을 제대로 접어든 셈입니다. 이제 사업을 구축하고, 끊임없이 공부하고, 〈빠른 길〉의 투자 방법을 배우면서 자신을 안팎으로 개발하는 일만 남았습니다. 하지만 명심하십시오. 스스로 해야 이뤄낼 수 있습니다. 다른 누구도 보장해 줄 수 없습니다."

"그럼 어떻게 하면 〈캐시플로〉 게임의 〈빠른 길〉 투자 방법을 배울 수 있을까요?"

"『부자 아빠의 투자 가이드』를 참조하세요. 내가 말했듯이 그 책을 읽고 실망한 〈E〉와 〈S〉 그룹 사람들도 많습니다. 하지만 여러분은 부자들의 자산에 투자할 수 있는 파워를 갖고 있습니다. 여러분이 일단 법적으로 백만장자가 되어야 투자가 가능한 자산 말입니다."

"제가 먼저 뭘 해야 할지 조언해 주시겠습니까?" 노신사가 질문했다. "내 인생은 남은 시간이 얼마 안 됩니다. 시간이 충분치 않으니 어쩌죠? 저도 가능할까요?"

"무엇보다도 나이를 핑계삼으면 안 됩니다. 커넬 샌더스를 생각해 보십시오. 그는 60대 후반에서야 켄터키 프라이드 치킨 사업에 뛰어들었습니다. 내 부자 아빠는 늘 이렇게 말했습니다. '패자들은 언제나 자신의 실패를 환경 탓으로 돌린다. 하지만 승자들은 자신이 처한 상황을 적극적으로 활용해 성공의 발판으로 삼는단다.' 커넬은 자신의 나이를 오히려 유리하게 이용했고, 다른 사람들이 은퇴할 나이에 최고 부자의 대열에 당당히 합류했습니다."

"무슨 말인지 잘 알겠습니다." 노신사가 말했다. "그렇다면 당신이 제안하고 싶은 것은 무엇입니까?"

"우선, 투자 세계에 대한 전반적인 개념을 터득하십시오. 그리고 당신이 지닌 가능성을 최고 부자가 되는 현실로 바꾸고 싶다면, 스터디 그룹을 만들어 공부하십시오. 조급하게 생각하지 마십시오. 모임에 참여해 심도 깊게 토론하는 시간을 가지십시오. 그룹 스터디와 토론을 통해서 투자 현실을 훨씬 뛰어넘는 사고방식을 키울 수 있을 겁니다."

"사람들은 대개 가난한 사람들과 중산층 사람들이 주로 하는 투자만을 생각한다는 거군요? 그러니까 먼저 부자들의 투자 방식을 열심히 배운 뒤, 부자의 투자 자산을 우리의 현실 가능성의 일부로 만들라는 얘기군요."

"맞습니다." 내가 대답했다. "부자 아빠가 내게 알려준 것이 그것입니다. 그는 부자들만 알고 있는 투자 세계의 진실을 내게 가르쳐주셨습니다. 일단 그 진실을 알게 되자, 내가 가야 할 인생 행로를 깨달았지요. 지금도 그 길을 가는 중이고요."

"사람들은 뮤추얼 펀드, 주식 투자, 소규모 부동산 거래 밖에 모릅니다. 그것들이 투자 세계의 진실이라고 알고 있으니까요. 그 얘길 하고 싶은 거죠?"

"맞습니다. 바로 그 점입니다. 대개 사람들은 〈E〉나 〈S〉 사분면의 투자를 생각합니다. 투자를 위험한 것으로 여기고 안전한 방식만 선호한다는 얘기입니다. 그래서 이미 만들어져 있는 안전한 투자 상품만 찾지요. 이들이 식료품점에서 포장된 고기를 사는 것이라면, 부자들은 가난한 사람이나 중산층 사람들이 사는 고기를 제조하고 포장하는 목장에 투자하는 셈입니다. 그 둘은 완전히 차원이 다른 현실이지요."

나는 계속 이어서 말했다. "〈빠른 길〉의 투자가 얼마나 재미있고 신나는지 알게 되면, 왜 그토록 많은 사람들이 안전한 투자 상품, 소규모 투자에만 집착하는지 이해가 안 갈 겁니다. 적어도 나는 그랬으니까요. 단, 그것은 자신의 현실 속에 숨겨진 투자 가능성을 깨달을 때 일어나는 일입니다. 또 부자들의 투자가 얼마나 큰 힘을 발휘하는지 알고 나면 〈B〉 사분면의 사업을 구축하는 데 더 박차를 가하게 될 것입니다. 돈을 투자하고, 또 그 돈이 자신을 위해 열심히 일하게 하는 것이야말로 더없이 신나는 일이니까요."

"내게 조언해 주고 싶은 또 다른 말은 없습니까?" 그 노신사가 물었다.

"있습니다. 두 번째 단계는 더욱 중요합니다. 당신 주변의 모든 사람들, 젊은이든 나이 든 사람이든 상관없이 주변의 모든 사람들을 최대한 활용하십시오. 그들의 에너지와 지지를 최대한 이끌어 내 당신을 전진하게끔 하는 힘으로 삼으십시오. 일단 새로운 현실을 발견하고 난 후엔 또 다른 실현 가능성을 모색하십시오. 그들에게 주저 말고 도움을 청하세요. 기꺼이 도와줄 겁니다. 하지만 기억하십시오. 당신이 스스로를 돕고자 하는 의지가 없으면, 그들이 도와주고 싶어도 그럴 수 없다는 사실 말입니다."

노신사는 조용히 앉아 있었다. 나는 그가 주변 사람들에게 도움을 청하는 걸 불편하게 생각한다는 것을 알 수 있었다. 남자가 타인에게 도움을 요청하는 것은 대개 나약함의 표현이라고 배워온 탓이리라. 여자도 마찬가지다. 그래서 나는 그에게 자리에서 일어나 강연장 안을 둘러보라고 했다.

그는 잠시 주저하더니 마침내 의자에서 일어났다. 썩 내키지 않는다는 표정이 역력했다. 그는 몸을 곧게 펴고 강연장 안에 있는 수백 명의 사람들을 천천히 둘러보았다. 모두들 서 있는 그를 보며 얼굴에 미소를 머금었다. 나는 이렇게 물어봤다.

"자, 여러분 가운데 이분을 기꺼이 도와주실 분이 얼마나 계시죠?"

그러자 여기저기서 손을 들어올리느라 부산스런 소음이 일었다. 서로 잘 보이려고 최대한 높이 손을 들어올리려 애쓰는 사람도 많았다. 노신사는 강연장을 둘러보았다. 손을 올린 사람들의 눈빛에는 기꺼이 도움을 주고 싶어 하는 따뜻한 마음과 애정이 가득했다. 갑자기 노신사의 가슴속에서 감정이 북받쳐오른 듯, 끝내 눈물을 떨어뜨리고 말았다. 그는 말없이 사람들 하나하나와 눈빛을 교환하며 영혼의 교감을 느꼈다. 그러고는 고개를 천천히 끄덕이며 조용히 말했다.

"감사합니다."

약간 몸을 떨면서 그가 자리에 앉은 후, 강연장에는 떠나갈 듯 열광적인 박수갈채가 터져나왔다.

잠시 후 박수 소리가 차츰 가라앉자 나는 이렇게 말했다.

"네트워크 마케팅 사업의 가장 큰 매력은, 자신이 원하는 것과 똑같은 것을 다른 사람들이 얻을 수 있게 도와줌으로써 자신 역시 성공에 이를 수 있다는 점입니다. 이 사업이 지닌 가치는 벌어들일 수 있는 돈의 액수로 평가할 수 없습니다. 당신이 얼마나 많은 사람을 도왔는지, 얼마나 많은 인생을 변화시켰는지에 따라 그 가치가 평가됩니다."

나는 마지막으로 감사의 인사를 한 뒤 강연장을 걸어 나왔다.

제6장
네트워크 마케팅의 다섯 번째 가치
꿈을 현실로 만들 수 있다

내가 겪은 가장 새로운 변화는,
점점 더 큰 꿈을 꾸고 있는 내 자신을 발견한 것입니다.

"많은 사람들이 꿈을 갖고 있지 않단다."
나의 부자 아빠가 말했다.
"왜요?" 내가 물었다.
"꿈을 이루려면 돈이 많이 들기 때문이지."

잠자고 있는 당신의 꿈을 깨우세요

내 아내 킴과 나는 한 네트워크 마케팅 회사에서 일하는 고위 경영자의 집에서 열린 모임에 참석했다. 그는 자기 소유의 500평이

넘는 대지와 저택, 여덟 대의 자동차를 수용할 수 있는 차고(물론 그 자리를 채울 여덟 대의 자동차도 있었다), 리무진, 이런저런 소유물들을 자랑했다. 그의 집과 재산은 상당히 훌륭하고 인상적이었다. 그러나 내가 정말로 깊은 인상을 받은 것은 그 지역의 거리 이름이 그의 이름을 따서 붙여졌다는 사실이었다. 어떻게 자기 이름을 거리 이름에 붙일 수 있었는지 물었더니, 그는 이렇게 대답했다.

"별로 힘든 일이 아닙니다. 우리 지역에 초등학교와 도서관을 신축하는 데 돈을 기부했습니다. 그랬더니 생각지도 못했는데 시에서 내 이름을 따서 거리 이름을 붙이더군요."

그때, 나는 그가 나보다 훨씬 큰 꿈을 가진 사람이라는 생각이 들었다. 학교나 도서관 건립을 위해 큰돈을 지불하는 것 등은 나로서는 꿈에도 생각해 보지 못한 일이었기 때문이다. 날이 저문 후 그 저택을 나오면서, 나 역시 보다 큰 포부와 꿈을 가져야 할 때라는 사실을 깨달았다.

훌륭한 네트워크 마케팅 회사가 지닌 정말 귀중한 가치들 중 하나는, 꿈을 추구하고 그 꿈을 실현시키는 것이 얼마나 중요한지 당신에게 일깨운다는 점이다. 내가 만났던 그 고위 경영자는 단순히 자신의 물질적인 부와 재산을 뽐내고 과시하기 위해 우리를 초대한 것이 아니었다. 자신이 성취한 삶의 풍요로움을 보여줌으로써, 사람들이 간직한 꿈을 실현하도록 고무하고 격려하기 위해서였다. 다시 말해 호화로운 저택이나 소유물, 그리고 그것들이 얼마나 값이 나가는지를 알려주고 싶어서가 아니라, 다른 사람들로 하여금 자신의 꿈을 향해 달리도록 격려하려는 것이었다.

꿈을 죽이는 사람들

내가 『부자 아빠 가난한 아빠』에서 말했듯이 내 가난한 아빠는 언제나 '난 그것을 살 여유가 없단다.'라고 했다. 반면 내 부자 아빠는 나와 자신의 아들에게 그런 말을 하면 안 된다고 했다. 그 대신, '어떻게 하면 그것을 살 능력을 가질 수 있을까?'라는 말을 하라고 했다.

이 두 가지 언급은 매우 단순한 만큼, 중요하고 뚜렷한 차이점을 담고 있었다. 부자 아빠는 이렇게 말하곤 했다.

"끊임없이 스스로에게 질문을 던져라. '어떻게 하면 그것들을 가질 능력이 생길까?'라고. 그러면 더욱더 큰 꿈을 갖게 된단다."

부자 아빠는 또 이렇게 말했다.

"네 꿈을 죽이려 드는 사람들을 늘 주의해라. 친구들이나 사랑하는 사람들이 네가 가진 꿈을 질식시키도록 놔두는 일이야말로 그 무엇보다도 잘못된 일이다. 악의가 있든 없든, 다음과 같이 말하는 사람들이 주변에 있기 마련이지."

— "너는 할 수 없어."

— "그건 너무 위험해. 얼마나 많은 사람들이 실패한 줄 아니?"

— "어리석게 굴지 마. 도대체 어떻게 그런 생각을 했니?"

— "그게 그렇게 멋진 아이디어라면, 왜 진작 다른 사람들이 안 했겠어?"

— "아, 그거…… 나도 몇 년 전에 시도해 봤어. 왜 안 되는지 말해 줄까?"

나는 자신의 꿈을 이미 포기한 사람들이 다른 사람들의 꿈마저 망치려 든다는 사실을 깨달았다. 내가 앞 장에서 언급했던 학습 피라미드를 다시 한번 눈여겨보길 바란다. 꿈을 가지고 실현해 나가는 추진력은 배움의 영적인 측면에서 나오지만, 꿈을 망치려 드는 사람들은 피라미드의 감정적인 측면에서 나오는 경향이 있다는 사실을 알 수 있다.

왜 꿈을 갖는 것이 중요한가

나의 부자 아빠는 꿈의 중요성을 다음과 같이 설명했다.

"부자가 되어 크고 근사한 집을 살 능력을 갖는 것은 중요하지 않다. 정말 중요한 건 큰 집을 살 수 있는 능력을 갖도록 끊임없이 노력하고, 배우고, 힘껏 최선을 다하는 과정이다. 그 과정에서 네가 '어떤 사람이 되느냐'가 가장 중요하지. 작은 꿈을 꾸는 사람들은 언제나 변변찮은 삶밖에 살 수 없단다."

그의 말이 옳았다. 중요한 건 집이 아니다. 우리 부부는 상당히 큰 저택 두 채를 소유한 적이 있다. 하지만 지금 생각해 보면 얼마나 큰 집을 갖는지, 얼마나 큰 부자가 되는지는 중요한 게 아니었다. 자신이 지닌 '꿈의 크기'가 훨씬 중요하기 때문이다.

우리 부부가 파산했을 때, 앞으로 백만 달러 이상을 벌면 먼저 큰 집을 한 채 마련한다는 목표를 세웠다. 시간이 흐르고 사업이 성장해 정말로 백만 달러 이상의 수익을 올리자, 우리는 처음으로 큰 집을 샀고 얼마 지나지 않아 그것을 팔았다. 새로운, 보다 큰 꿈을 이루겠다는 야망을 가졌기 때문이다. 다시 말해 큰 집과 백만 달러의 소득이 우리의 진정한 꿈은 아니었던 것이다. 눈에 보이는 집과 소득은 자신이 꿈을 이룬 사람이 되었다는 하나의 상징일 뿐이었다. 현재 우리 부부는 다시 큰 집을 소유하고 있다. 그리고 그 집 역시 우리가 성취한 꿈을 상징하는 물건일 뿐이다. 크고 호화로운 집은 진정한 우리의 꿈이 아니다. 우리의 꿈은, 그 꿈을 이뤄나가는 과정을 통해 어떤 사람이 되고자 하느냐에 있다.

부자 아빠는 이렇게 말했다.

"큰 사람은 큰 꿈을 갖고 작은 사람은 작은 꿈을 갖는다. 먼저 네가 가진 꿈의 크기부터 바꿔라. 그래야 너 자신을 바꿀 수 있다."

또 그는 내가 파산해서 가진 돈을 몽땅 잃고 낙담해 있을 때 이렇게 말했다.

"잠시 경제적으로 후퇴한다고 해서 네 꿈의 크기마저 줄어들면 안 된다. 오히려 인생에서 마주치는 절망의 심연에서 너를 끌어 올려주는 것은 네가 가진 꿈과 비전이다. 파산은 일시적인 현상이지만 가난은 영원한 거란다. 네가 지금 파산했다 해도, 부자가 되는 꿈을 갖는 데는 돈이 들지 않는다. 가난한 사람들은 부자가 되는 꿈을 포기했기 때문에 늘 가난을 벗어나지 못하는 거란다."

꿈꾸는 사람들의 다섯 가지 유형

내가 고등학교에 다닐 무렵, 부자 아빠는 꿈꾸는 사람들에는 다음과 같이 다섯 가지 유형이 있다고 했다.

1. 과거 속에서 꿈을 꾸는 사람들

자기 인생의 가장 큰 성취가 언제나 과거 속에 있는 사람들이 많다. TV 시트콤「못 말리는 번디 가족」의 알 번디는 과거에 사로잡혀 있는 사람의 전형적인 예다. 그는 한 집안의 가장이지만, 어른이 되어서도 한창 잘 나가던 고등학교 시절 속에 파묻혀 사는 사람이다. 한 게임에서 터치다운을 네 번이나 성공시키는 미식 축구 선수였던 시절을 언제나 자랑스럽게 떠올리곤 한다. 번디야말로 과거에 갇혀 꿈을 꾸는 대표적인 경우다.

부자 아빠는 말했다.

"과거라는 그물에 갇혀 벗어나지 못하는 사람은 이미 인생이 끝난 것이나 마찬가지다. 그런 사람은 현실로 돌아오기 위해 미래의 꿈을 세워야 한다."

왕년에 잘 나가던 미식 축구 스타만 과거 속에 사는 것은 아니다. 학교 다닐 때 좋은 성적을 받았던 일, 파티에서 댄스 여왕으로 뽑혔던 일, 일류 대학을 졸업했다는 사실 등을 회상하면서 흐뭇해 하는 사람들도 마찬가지다. 그들의 가장 훌륭한 시절은 언제나 과거에 머물러 있다.

2. 작은 꿈만 꾸는 사람들

이 유형의 사람들을 두고 부자 아빠는 다음과 같이 말했다.

"이 사람들은 꿈이 아주 작단다. 왜냐 하면 꿈을 이룰 수 있다는 자신감을 느끼고 싶어 하기 때문이지. 문제는, 그 꿈을 충분히 실현시킬 수 있다는 걸 알면서도 결코 실제 행동으로 옮기지 않는다는 거지."

언젠가 이런 유형의 사람을 직접 만나보고 나서야, 나는 부자 아빠가 한 말의 의미를 이해할 수 있었다. 나는 그 사람에게 이렇게 물었다.

"만일 세상의 모든 돈을 가진다면, 어디로 여행을 가고 싶으세요?"

그는 이렇게 대답했다. "먼저 누나가 살고 있는 캘리포니아로 가겠어요. 누나를 못 본 지 벌써 14년이나 되었습니다. 누나를 만나면 너무 반가울 거예요. 조카들도 더 자라기 전에 만나보고 싶고요. 그게 제가 꿈꾸는 여행입니다."

"하지만 그 정도 여행은 500달러 정도면 충분하잖아요. 오늘 당장이라도 떠나는 게 어때요?"

그러자 그는 이렇게 대답했다. "아, 언젠가는 갈 겁니다. 하지만 오늘은 안 돼요. 일이 밀려 있거든요."

여러 사람들을 만나다 보니 이런 부류의 사람들이 생각보다 꽤 많다는 사실을 알 수 있었다. 이들은 자신의 꿈이 충분히 실현 가능하다는 걸 잘 알고 있다. 하지만 그걸 행동으로 옮길 만한 여유를 갖고 있지 못하다. 시간이 많이 흐른 뒤 그들은 이렇게 말할 것이다. "몇 년 전에 했어야 했는데…… 하지만 그땐 정말 그럴 만한 여유가 없었어."

부자 아빠는 이렇게 말했다.

"이런 부류의 사람들이 가장 위험하단다. 이들은 마치 거북이와 같단다. 두꺼운 보호막이 쳐진 조용한 자기만의 집을 짓고 그 속으로 숨어버리지. 만일 그 껍질을 두드리거나 틈이 난 부분을 건드리면, 그들은 바로 달려들어 너를 덥석 물어버릴 거다." 말하자면 '꿈꾸는 거북이는 그냥 꿈이나 꾸게 놔두라.'는 교훈이다. 이런 사람들 대부분은 결국 아무런 발전도 이루지 못한다. 그러면서도 그들은 자신의 상황에 만족해한다.

3. 꿈을 이룬 후에는 새로운 꿈을 꾸지 않는 사람들

내 친구 중 하나가 이렇게 말했다.

"20년 전, 나는 의사가 되겠다는 꿈을 갖고 있었지. 자네도 보다시피 난 이제 그 꿈을 이루지 않았나. 하지만 사는 게 지루해. 의사라는 직업이 보람 있고 즐겁기는 한데, 어딘가 모르게 허전해."

내 친구는 자신의 꿈을 훌륭히 성취하고 그 이루어진 꿈 안에서 계속 살아가는 사람의 대표적인 경우다. 하지만 삶의 지루함과 권태, 그것은 새로운 꿈을 찾아야 한다는 신호다. 부자 아빠는 이렇게 말하곤 했다.

"사람들은 대부분 고등학교 시절에 꿈꿨던 직업을 갖고 있다. 하지만 문제는 고등학교를 졸업한 지 너무 오래되었다는 거지. 또 다른 새로운 꿈과 야망이 필요할 때지."

4. 큰 꿈을 가졌지만 그것을 성취할 계획을 세우지 않는 사람들

그렇기 때문에 이들은 결국 아무것도 성취하지 못한다. 나는 이런 유형의 사람들이 가장 흔하다고 생각한다. 그들은 이렇게 얘기한다.

— "엄청난 기회가 생겼어. 내 구상을 한번 들어보라고."
— "이번엔 진짜야."
— "두고 봐. 이제 마음 잡았으니까."
— "더 열심히 일할 거야. 밀린 청구서 요금도 다 해결하고, 투자도 하고……."
— "우리 지역에 새 회사가 들어온다는군. 같이 일할 인재를 찾고 있는데, 내가 적격이야. 이번 기회를 꽉 붙들어야겠어."

부자 아빠는 말했다.
"스스로의 힘으로 자기 꿈을 이뤄내는 사람은 매우 적단다. 이들은 많은 것을 성취하려고 노력하지만, 다른 사람의 도움 없이 스스로 해내려고 애쓰지. 이런 사람들은 그 꿈을 유지하며 구체적인 계획을 세우고, 그 꿈을 이루도록 도와줄 팀을 찾아야 한다."

5. 큰 꿈을 갖고, 그 꿈을 이룬 후에는
   보다 큰 꿈을 향해 나아가는 사람들

누구나 이런 유형의 사람이 되길 원할 것이다. 나 역시 마찬가지다.

네트워크 마케팅 사업을 알아보는 과정에서 내가 겪은 가장 새로운 변화는, 점점 더 큰 꿈을 꾸고 있는 내 자신을 발견한 것이다. 그 사업은 사람들로 하여금 더 큰 꿈을 갖고, 그 꿈을 이뤄가도록 격려한다. 이는 직원들이 개인적인 꿈을 갖길 원하지 않는 전통적인 기업과는 분명히 다르다.

나는 한 사람의 꿈을 망치는 회사에서 일하거나, 꿈을 실현하는 데 거의 보탬이 되지 않는 친구들을 사귀는 사람들을 많이 보았다. 내가 네트워크 마케팅 사업을 지지하는 이유는, 이 사업은 다른 이들이 원대한 꿈과 포부를 갖기를 진정으로 바라며 그들이 그 꿈을 실현하도록 지원을 아끼지 않기 때문이다.

당신은 마음속에 큰 꿈을 품고 있는가? 또 다른 사람들이 꿈을 현실화시키도록 기꺼이 도와줄 의향을 갖고 있는가? 그렇다면, 네트워크 마케팅이야말로 당신에게 꼭 맞는 사업이다. 먼저 파트타임으로 사업에 참여한 후 그 사업이 차츰 자리를 잡고 성장해 나가면, 다른 사람들도 그 사업을 파트타임으로 시작하도록 도울 수 있다. 자신의 꿈을 이룰 수 있도록 기꺼이 도와주는 사람들과 그들이 운영하는 사업 시스템, 확실히 뛰어들어 볼 만한 가치가 있지 않은가.

제7장
네트워크 마케팅의 여섯 번째 가치
네트워크의 진정한 힘을 발휘한다

네트워크의 가치는 그 네트워크를 사용하는
사람 수의 제곱에 비례한다.

나는 1974년에 제록스 사의 하와이 지사에서 근무했다. 나는 당시 '전화 복사기'라는 제품의 판매 부진으로 상당히 고전하고 있었다. 판매에 어려움을 겪었던 이유는 그 기계가 사람들에게 잘 알려지지 않은 신상품이었기 때문이다. 내가 제품 설명을 하면 사람들은 이렇게 물었다.

"글쎄요…… 이 제품을 사용하고 있는 사람이 또 있나요?"

다시 말해 다른 사람이 전화 복사기를 갖고 있지 않다면, 즉 전화 복사기들의 '네트워크'가 형성되어 있지 않다면 그 기계는 효용성이 거의 없는 무용지물이라는 것이다(요즘은 이 기계를 '팩시밀리'라고 부른다). 하지만 점차 전화 복사기를 사용하는 사람들이 늘어나자, 이 새로운 기계의 가치는 상승했고 판매 또한 훨씬 수월해졌다. 나는 약 10년 동안 이 기계를 파는 데 온갖 노력을 기울였다. 지금은 팩시밀리가 어느 사무실에나 꼭 한 대씩은 갖추고 있어야 할 사무 필수품이 되었다.

전화 복사기, 즉 팩시밀리는 '네트워크'를 형성하자 비로소 그 가치를 인정받았다.

멧칼프의 법칙(Metcalf's Law)

로버트 멧칼프는 이더넷(Ethernet) 창시자 가운데 한 명이다. 또한 최근에는 휴대용 단말기(PDA)인 팜 파일럿(Palm Pilot)을 생산하는 3 Com을 설립했으며, 〈멧칼프의 법칙(Metcalf's Law)〉으로도 유명한 인물이다.

멧칼프의 법칙 :
네트워크의 경제적 가치 = (네트워크 참여자 수)^2

네트워크의 가치는 그 네트워크를 사용하는 사람 수의 제곱에 비례한다. 좀 더 쉽게 접근해 보자.

만약 전화기가 한 대만 있으면 그것의 경제적 가치는 전혀 없다. 〈멧칼프의 법칙〉에 따르면, 전화기가 두 대가 될 경우 전화 네트워크의 경제적 가치는 두 대의 제곱이 된다. 네트워크의 가치가 0에서 4로 상승하는 것이다. 한 대를 더 추가해 세 대가 되면, 그 네트워크의 가치는 이제 9가 된다. 이와 같이, 네트워크의 경제적 가치는 산술적이 아니라 기하급수적으로 상승함을 알 수 있다.

구경제 vs. 신경제

〈멧칼프의 법칙〉이 지닌 파워는 구경제 비즈니스와 신경제 비즈니스를 비교해 보면 뚜렷하게 드러난다. AOL은 수백만의 사업체와 사람들의 네트워크를 형성하는 신경제 시스템의 기업이다. 이 회사는 방대한 네트워크를 갖고 있기 때문에, 주식 시장에서 여타 구경제 시스템의 기업들에 비해 월등히 높은 가치를 지닌다. 또 그렇기 때문에 타임 워너 같은 오래되고 안정된, 하지만 구경제 시스템에 얽매여 있는 기업을 인수할 수 있었던 것이다.

개인 vs. 네트워크, 그리고 네트워크 사업의 첫 번째 유형

내 아버지의 세대에서는 존 웨인 같은 사람이 영화 속 최고의 영웅이었다. 사업 세계에서는 록펠러나 J.P. 모건 같은 거물들이 최고의 영웅이었다. 이들은 거대한 비즈니스 왕국을 세운 사람들로서 존 웨인과 마찬가지로 강하고 독립적인 성격이며 스스로 힘겹게 사업을 개척한 이들이다. 이러한 사업가 스타일은 오늘날에도 흔히 볼 수 있다.

그러나 1950년대에는 새로운 타입의 비즈니스 모델과 사업가들이 등장하기 시작했다. 대표적인 경우가 바로 가맹점 유형의 사업이다. 이 또한 일종의 네트워크 사업 형태로, 다수의 사업체 소유주가 함께 일하기 때문이다. 이러한 가맹점 사업이 처음 등장했을 당시에는, 전통적인 사업 형태에 익숙한 많은 사람들로부터 비판을 받았다. 심지어 어떤 이들은 불법적인 사업 방식이라고 공격하기까지 했다.

모두가 알다시피, 오늘날 맥도널드 가맹점 소유주는 처음부터 혼자 힘들게 햄버거 가게를 차려 운영하는 사람보다 훨씬 높은 수익 능력을 갖고 있다. 만일 독자적으로 운영하는 햄버거 가게 바로 근처에 맥도널드 가맹점이 생기면, 그 햄버거 가게는 얼마 안 가 문을 닫게 될 가능성이 높다.

신규 사업이 대개 그렇듯이, 새로운 가맹점 사업은 가맹점을 많이 확보할수록 가치가 높아진다. 나는 MBE(Mail Boxes Etc)를 처음 접했을 때, MBE가 무슨 사업체인지 무척 궁금했다. 그런데 이 사업체는 점차 각 지역의 가맹점 수를 늘려가면서 급속도로 성장하기 시작했다. 불과 몇 년도 채 지나지 않아 이 생소한 이름의 가맹점은 미국 내 어디를 가더라도 쉽게 볼 수 있게 되었다. 〈멧칼프의 법칙〉이 적용된 또 하나의 사례인 셈이다.

새 MBE 가맹점이 쇼핑센터 내에 문을 열자, 우리 동네에서 수년 동안 운영되던 소규모 포장, 우편 서비스 가게는 망하고 말았다. 이 역시 혼자서 힘들게 일하는 개인 사업 소유주가 네트워크에 패하고 만 경우이다.

네트워크 사업의 두 번째 유형

네트워크 사업의 두 번째 유형은 바로 네트워크 마케팅이다. 이는 가맹점(franchise)들의 네트워크가 아니라 가맹점화한 (franchised) 개인들의 네트워크다. 이 두 번째 유형의 네트워크 사업은 처음 등장했을 당시 많은 비판을 받았으며, 지금도 일부에서는 이 사업을 곱지 않은 시선으로 바라보고 있는 것이 사실이다.

그러나 이 사업은 전통적인 기업체들의 전유물이었던 여타의 분야로 자신의 영역을 넓히며 꾸준히 성장하고 있다. 그 이유는 바로 〈멧칼프의 법칙〉이 말하는 파워를 지니고 있기 때문이다.

〈멧칼프 법칙〉의 힘을 이용할 기회는 누구에게나 열려 있다

여기서 나는 네트워크 마케팅이 지닌 또 하나의 매력을 소개하고자 한다. 바로 이 사업이 나와 당신 같은 평범한 사람들도 〈멧칼프 법칙〉의 힘을 가질 수 있게 해준다는 점이다. 단, 그 법칙에 순종하는 경우에 한해서 그렇다. 그 법칙에 따르면 네트워크 마케팅 회사에 가입하는 것만으로도 일단 첫 테이프를 훌륭히 끊는 셈이다. 하지만 그게 다가 아니다. 가입만 했다고 해서 그 힘을 충분히 활용할 수 있는 게 아니라는 의미이다. 가입만 하는 것은, 전화기를 샀는데 전화기를 갖고 있는 사람이 오로지 당신뿐인 상황과 마찬가지다.

〈멧칼프 법칙〉의 힘을 최대한 발휘하려면 당신과 같은 사람들로 구성된 네트워크를 형성해야 한다. 두 명이 있으면 거기서 발생하는 경제적 가치는 제곱이 된다. 즉 네트워크의 가치가 0에서 4로 뛰는 것이다. 세 명이 되면 다시 가치는 4에서 9로 올라간다. 그리고 당신이 데려온 두 사람이 각각 또 두 명씩 더 데려오고, 다시 그들 각각이 새로운 사람들을 데려오고…… 이런 식으로 진행되면 네트워크의 경제적 가치는 마치 달을 향해 발사되는 로켓처럼 수직 상승한다. 힘들게 일한 결과 경제적 가치가 차근차근 올라가는 게 아니라, 그와 다른 방식을 통해 경제적 가치가 기하급수적으로 증폭되는 것이다. 이것이 바로 네트워크를 형성한 사업이 지닌 파워이자 가치이다.

분명히 스스로 힘들게 일하는 것보다는 네트워크를 구축하기 위해 열심히 노력하는 것이 더 효과적인 방법이다. A에서 B까지 돌을 옮긴다고 가정해 보자. 당신 혼자서 옮길 수 있는 돌의 개수와, 당신 같은 사람 9명이 옮길 수 있는 돌의 개수를 생각해 보라. 후자의 경우, 나머지 8명이 일한 결과의 10%만 가져가도, 80%는 아무런 노력도 들이지 않고 얻는 셈이다.

장기적으로 보면, 결국 성공한 네트워크 참여자가 의사, 변호사, 회계사 등의 전문직 종사자나 그 외의 직접 힘들게 사업체를 꾸려가는 개인들보다 훨씬 더 많은 수익을 올린다. 그리고 그 차이점과 파워는 모두 네트워크 마케팅 사업의 핵심 가치를 나타내는 〈멧칼프의 법칙〉을 통해 설명된다.

네트워크가 열어주는 미래

독립적인 대기업들 또한 이제는 네트워크를 형성하는 추세로 나아가고 있다. AOL이 타임 워너와 합병한 데는 다 그럴 만한 이유가 있는 것이다. 이 쟁쟁한 두 기업이 결합하여 네트워크를 형성할 경우 비즈니스 세계에서 놀랄 만한 힘을 발휘할 수 있기 때문이다.

오늘날 인터넷은 전 세계 비즈니스를 뒤흔들고 있다. 인터넷은 보다 많은 사람들과 기업이 네트워크를 형성할 수 있게 하며, 정보를 실시간으로 주고받을 수 있게 해준다. 물론 혼자 힘으로 힘들게 일하는 개인이 비즈니스 세계에서 사라질 리는 만무하다. 어쨌든 한 가지 사실만은 분명하다. 그들보다는, 네트워크를 형성하여 일하는 기업과 개인들이 훨씬 높은 수익을 올릴 수 있으며 훨씬 밝은 미래를 갖고 있다는 점 말이다.

제8장
네트워크 마케팅의 일곱 번째 가치
마음에 품고 있는 가치가 현실을 결정한다

안정적인 직장을 떠나기를 두려워하는 사람은
운전이 무서워 집 안에서 교통 사고 뉴스만 시청하는 사람과
다를 바가 없습니다.

새로운 사업 구축을 주제로 한 강연에서 나는 이런 질문을 받았다.
"그렇다면, 가치가 중요한 이유는 무엇입니까?"
상당히 중요한 질문이라고 생각했기 때문에 나는 질문에 답하기 위해 기꺼이 시간을 할애했다. 잠시 생각한 뒤에 나는 이렇게 대답했다.
"자신이 중요시하는 가치가 결국 현실을 결정하기 때문입니다."
그러자 다른 사람이 이렇게 물었다. "왜 그렇지요?"
"직업의 안정성에 가치를 두는 사람의 현실은 〈E〉 사분면에 있게 됩니다. 그들은 〈E〉 사분면에서 세상을 바라보며, 자신들은 사

업체에 고용되어 일하는 반면 어떤 이들은 그런 사업체를 소유하는 까닭을 잘 이해하지 못합니다. 많은 사람들이 자신의 핵심 가치가 자신의 삶과 현실을 결정짓는다는 사실을 깨닫지 못한 채 살아갑니다. 〈E〉 그룹 사람들은 〈B〉 그룹 사람들의 핵심 가치를 이해하지 못합니다. 그들에겐 그 가치가 보이지 않기 때문이지요. 각기 다른 사분면의 사람들이 중요시하는 가치는 분명 다릅니다."

질문을 한 참석자가 한동안 말없이 앉아 있다가 마침내 "아!" 하고 탄성을 내뱉었다. 나는 말을 이었다.

"스스로 힘들게 부지런히 자기 일을 꾸려가는 사람들, 한 분야의 뛰어난 전문가가 되고자 노력하는 사람들은 대개 〈S〉 타입의 현실을 사는 이들입니다. 그들은 '뭔가 제대로 이뤄내려면 스스로 해야 해.', '요즘은 성실하고 괜찮은 직원들 구하기가 힘들어. 일들을 안 하려고 한다니까.' 라고 얘기합니다."

나는 청중석을 둘러보았다. 많은 사람들이 자신의 핵심 가치를 나름대로 곰곰이 생각해 보고 있다는 걸 알 수 있었다.

"만일 자신의 가치관을 바꾸지 않는다면 사분면을 이동하기는 힘들겠군요." 처음 질문했던 사람이 말했다.

"그게 바로 내가 말하는 '현실' 입니다." 나는 살짝 웃으며 말했다. "적어도 나는 그렇게 이해하고 있습니다. 안정적인 직장을 핵심 가치로 여기는 사람은 자유를 중요시하는 〈B〉 그룹의 사람이 되기 힘듭니다. 내가 말했듯이 〈B〉 그룹 사람들은 매우 적게 일하는 편입니다. 그와 그의 사업체를 위해 일하는 다른 사람들이 있으니까요. 또 〈S〉 그룹의 사람 역시 〈B〉 사분면으로 옮겨가기 힘듭니다. 그 누구도 자기를 대신해 완벽하게 해낼 수는 없다고 생각하기 때문이지요. 그래서 중요하게 여기는 핵심 가치가 자신의 현실을 결정한다는 것입니다. 요컨대 직업의 안정성을 중시하는 것, 남들이 자기보다 더 일을 잘 해내리라고 믿지 못하는 것, 이러한 핵심 가치가 자신의 현실을 결정한다는 얘기입니다."

그때 한 젊은 변호사가 손을 들었다.

"내 일을 할 수 있는 사람은 나밖에 없다고 생각하기 때문에 결국 스스로 일할 수밖에 없다……, 가치가 현실을 결정한다는 의미가 그거로군요?"

"좋은 예입니다. ⟨B⟩ 사분면의 사람은 자신보다 더 똑똑하고 일을 잘하는 다른 사람들을 찾습니다. 그런 이들을 찾고 나면, 자신은 남는 시간을 다른 데 투자할 수 있지요. 반면 당신과 같은 변호사의 경우, 늘 열심히 일해서 좋은 성과를 올리려 애씁니다. 그래서 능력을 인정받으면, 고객들은 당신을 주변 이들에게도 소개시켜 줍니다. 그런데 문제는 새 고객들이 하나같이 당신만을 원한다는 거지요. 그럼 당신 주가는 올라가고 돈도 많이 벌게 됩니다. 하지만 올릴 수 있는 수익에는 한계가 있습니다. 나 아닌 다른 사람이 이 일을 대신할 수는 없다는 생각이 늘 마음속에 있기 때문이지요."

내가 한 말을 곰곰이 되씹어보고 있는 듯, 젊은 변호사는 말이 없었다. 마침내 그가 입을 열었다.

"시간이란 한정된 자원이기 때문에 ⟨S⟩ 사분면의 변호사로 남아 있으면 내 소득 능력 역시 한정된다는 얘기로군요. 만일 ⟨B⟩ 사분면의 변호사가 될 경우, 내 핵심 가치 역시 변해야 하므로 반드시 내가 아닌 다른 사람도 나보다 더 잘할 수 있다고 믿어야 한다는 얘기고요."

"제 말을 잘 이해하고 계십니다. 어려운 게 딱 하나 있다면, 바로 자신의 핵심 가치라는 문제와 맞붙어 싸우게 된다는 것이지요."

"그렇지만, 다른 이들이 나보다 더 똑똑하고 일을 잘한다면 그들에게 왜 내가 필요합니까?"

"당신의 핵심 가치를 그대로 나타내는 말이군요." 나는 싱긋 웃으며 대답했다. "당신의 핵심 가치에 힘을 부여하는, 그래서 결국 당신의 현실을 만드는 것이 바로 그런 의심입니다. 당신보다 더 똑똑하고 유능한 사람들에게는 당신이 더 이상 필요하지 않을 거라는 두려움 때문에, 당신은 더 뛰어난 능력을 갖기 위해 계속 노력합니다. 하지만 오히려 그게 당신의 발전을 가로막는 덫입니다. 자신이 누구보다 유능한 사람이므로, 다른 이들은 아무래도 자신만큼 일을 잘 해낼 것 같지 않아서 신뢰하기 힘들지요. 당신 같은 사람들은 언제나 더 똑똑하고 유능해져야 하는, 자기만의 좁은 세계에 갇혀 있습니다. 내가 〈S〉 사분면의 'S' 자가 '똑똑함(smart)'을 의미하기도 한다고 했던 것, 기억하십니까? 그래서 〈S〉 사분면에는 당신처럼 똑똑한 사람들이 존재하는 반면, 〈B〉 사분면에는 나 같은 바보들이 존재하는 겁니다. 학교 다닐 때, 선생님은 내가 바보 같다고 했습니다. 그때 나는 마음먹었지요. 바보 같음을 오히려 내 인생의 유리한 점으로 활용하리라고. 당신이 영리함을 활용하듯이 말입니다. 따라서 우리는 서로 다른 사분면에 존재하고, 서로 다른 현실을 사는 것입니다."

"당신은 〈B〉 사분면에서 성공을 거두고 있고, 나는 〈S〉 사분면에서 열심히 일만 하고 있는 거네요." 변호사가 웃으며 말했다.

"그러니 〈B〉 사분면의 변호사가 되기 전에 나의 핵심 가치부터 바꿀 필요가 있군요."

"맞습니다. 사람들 사이에 의견 충돌이 있는 경우, 그것은 바로 각자가 지닌 핵심 가치 때문입니다. 사람들은 내게 이런 말을 자주 합니다. '사업은 위험한 모험입니다.', '요즘은 정말 믿을 수 있는 유능한 조력자를 찾기 힘듭니다.' 또 내게 이렇게 논박합니다. '아무리 훌륭한 투자를 한다 해도 한 달에 1000%의 수익을 낼 수는 없을 겁니다.' 그와 같이 감정적으로 날카로워져서 말을 내뱉는 것은, 그 사람이 핵심 가치에 혼란을 느꼈기 때문이지요. 그렇기 때문에 사분면 이동에 있어서 가치관이 중요하다는 것입니다."

"누군가 '사업을 시작하는 건 위험해.'라고 말하는 것은 자신의 가치관 때문이군요. '안정을 중시하는 가치관' 말입니다."

나는 고개를 끄덕였다.

"저도 그런 이들을 숱하게 겪었습니다. 사업을 시작하는 게 위험하다고 하는 사람들은 항상 있습니다. 그런 사람들에게 직업을 물어보면, 십중팔구 봉급 생활자, 혹은 자영업자나 전문직 종사자들이지요. 사업을 시작하거나 모험을 안고 감행하는 투자는 그들의 핵심 가치를 동요시킵니다."

강연장 뒤쪽에서 한 참석자가 손을 들고 물었다.

"그럼, 사업을 시작하는 게 위험하지 않다는 말씀입니까? 실제로 큰 포부를 갖고 시작한 사업이 5년 안에 망하는 경우가 허다하지 않습니까?" 그 목소리에는 다소 혼란스러워 하는 감정이 묻어 있었다.

"그 역시 당신의 핵심 가치를 드러내는 질문이군요."

"실제로 새로 창업한 사람들의 95%가 5년 안에 실패한다고 합니다."

"맞습니다. 현실은 그렇습니다. 하지만 내가 여기서 강조하고 싶은 것은, 당신은 지금 자신의 핵심 가치를 말하고 있다는 점입니다."

"어쨌든 사실은 사실로 인정해야 합니다." 그가 소리쳤다. "나는 이 강의가 사업 구축에 관한 것이라 듣고 돈을 내고 신청했습니다. 그런데, 지금까지 20분 동안 당신이 떠들고 있는 얘기라고는 고작 핵심 가치, 현실 어쩌고 하는 것뿐이군요!"

"당신이 말씀하신 그 '사실'을 다시 얘기해 주실 수 있습니까?" 나는 그 사람이 더 이상 짜증이 나지 않도록 가능한 한 차분히 부탁했다.

"〈E〉 사분면에서 〈B〉 사분면으로 옮긴 사람들 중 95%가 처음 5년 안에 실패한다는 말입니다. 나는 그 실패를 겪지 않을 방법을 알고 싶어서 온 것입니다. 핵심 가치에 대해 들으러 온 게 아니라구요."

나는 크게 한숨을 내쉬었다.

"나도 그 '사실'을 부인하진 않습니다. 하지만 당신이 한 가지 놓치고 있는 사실이 있습니다. 바로 5%는 성공한다는 사실 말입니다. 안정을 중요한 핵심 가치로 여기는 사람들은 대개 그 5%를 눈여겨보지 않고 실패하는 95%만 보는 경향이 있습니다."

"그렇다면 그 5%에 속하려면 어떻게 해야 합니까?" 조금 전보다는 다소 침착해진 목소리였다.

"핵심 가치를 바꿔야 합니다. 당신은 안정성만을 중요시하기 때문에 실패하는 95%밖에 보이지 않는 것입니다. 그게 바로 당신의 현실이지요. 리스크와 실패밖에 보이지 않는 현실 안에 있다는 얘기입니다."

"그럼 당신에게는 성공한 사람들이 더 잘 보입니까?" 그는 다시 흥분했는지 따지는 듯한 어조로 물었다.

"그렇습니다. 내 눈에는 마이크로소프트의 빌 게이츠와 바디숍의 창립자인 애니타 로딕이 보입니다. 또 그 외에도 큰 성공으로 엄청난 부자가 된 사람들도 마찬가지입니다. 그들이 이뤄낸 성과와 부를 보면, 95%의 리스크라도 충분히 떠안을 가치가 있다고 생각합니다."

"당신은 이미 성공했으니 그렇게 말하는 거겠지요." 그가 반박했다. "당신은 성공한 5%에 속하니까요."

"예. 당신 말대로 나는 이미 성공했습니다. 그러나 95% 안에 속할 수도 있다는 위험을 기꺼이 인정했기 때문에 가능했던 것입니다. 『부자 아빠 가난한 아빠 2』를 읽어보셨다면, 아내와 내가 3주 동안이나 집 없이 노숙자 생활을 한 얘기를 1장에서 보셨을 겁니다. 실패했기 때문에 그랬던 거지요. 나는 성공하기 전에 두 번이나 그 95%에 속했습니다. 그리고 지금도 그럴 때가 있고요. 얼마 전, 〈B〉 사분면에 있는 몇몇 내 벤처 사업체가 망했습니다. 수백만 달러의 적자를 냈고, 거기 참여한 다른 투자가들의 돈도 날렸지요. 하지만 성공한 5% 사람들만이 갖는 시각과 비전은 절대 잃지 않았습니다. 이게 바로 나의 현실이지요. 나는 늘 그 5%에 초점을 둡니다. 그러한 비전 때문에 95%의 실패라는 엄청난 심연에 빠지지 않을 수 있었고요. 다시 강조하지만, 〈B〉 사분면에서 성공하는 이들은 95%라는 숫자뿐 아니라 5%라는 숫자도 볼 줄 아는 사람들입니다. 안정성만을 중시하는 사람들은 95%라는 실패 확률만 생각하지만 말입니다."

"당신은 실패가 두렵지 않나요? 끔찍하게 느껴지지 않습니까?"
그 사람은 아까보다 다소 진정된 듯이 보였다.

"다른 사람들보다 더하면 더했지 덜 하진 않습니다. 나 역시 실패가 끔찍하게 싫습니다. 그래서 그 감정을 앞으로 전진하기 위한 원동력으로 삼는 겁니다. 처음에 두 번이나 사업 실패를 겪은 후, 한동안 죽고 싶을 만큼 큰 절망에 빠졌습니다. 그런데 문득, 그렇게 자신감 없이 의기소침해 있는 시간이야말로 나를 더 이상 발전하지 못하게 붙들고 있는 괴물이라는 생각이 들었습니다. 나는 실패의 쓰라림을 받아들이고, 삶의 궤도를 수정하기 시작했습니다. 실패의 원인을 연구하고, 공부했지요. 패배의 고통을 승리하기 위한 이유로 활용했습니다. 당시 내 부자 아빠는 이렇게 말했습니다. '패자는 실패를 변명거리로 삼기 때문에 계속 실패하는 것이고, 승자는 실패를 이기기 위한 이유로 삼기 때문에 승리하는 것이다. 세상에서 가장 큰 패자는 실패를 피하려고만 하는 사람들이지. 실패한 사람들과 얘기해 보거라. 그들은 아마 네가 성공할 수 없는 이유, 네가 하는 일이 위험이 클 수밖에 없는 이유만 얘기하려고 들 거다.'라고요."

"그럼 당신은 위험에 어떻게 대처합니까?"

"위험 역시 배움의 일부입니다. 또 우리 삶의 일부이기도 하지요. 매일 자동차를 타고 도로를 운전하는 우리는 언제나 큰 위험을 안은 채 살고 있습니다. 어렸을 적에, 옆집에 사는 내 친구 아빠가 아침에 출근한 후 영영 집으로 돌아오지 못한 일이 있었습니다. 집에서 몇 블록 떨어진 곳에서 사중 추돌 사고가 일어났던 거죠. 그런 심각한 위험이 있다는 걸 잘 알면서도, 사람들은 매일 운전을 합니다. 위험을 피하는 것은 삶과 배움의 기회를 피하는 것과 매한가지입니다."

"그렇게 끔직하고 예외적인 예를 드는 이유가 따로 있는지요?" 그 사람은 위험에 대한 논쟁을 좀 더 끌어보고 싶은 눈치였다.

"〈B〉 사분면으로 이동하여 부자가 되는 것이 운전이나 자전거를 타는 것보다 훨씬 위험이 적다는 점을 강조하고 싶기 때문입니다. 물론 자신의 핵심 가치가 무엇이냐에 따라, 부자가 되는 일이 운전하는 것보다 훨씬 위험이 크다고 느낄 수도 있습니다. 사분면을 바꾸는 일은 전적으로 당신의 내면에서 일어납니다. 하지만 집에서 일터로 향하는 운전은 당신의 '외부'에서 일어나는 일이지요. 운전자가 아무리 능숙하다 해도, 자신의 의지와 상관없이 외부에서 일어나는 일이기 때문에 사실상 위험이 더 크다는 얘기입니다."

당신의 핵심 가치 이면에 존재하는 것은?

강의는 거의 끝나가고 있었다. 95%의 실패율을 놓고 격렬히 논박하던 그 참석자는 아직도 내 설명에 수긍하지 못하는 표정이었다. 그 사람 외에도 내 말을 이해하지 못하는 사람들이 많은 것 같았다. 나는 현실을 결정짓는 핵심 가치에 대한 강연이 일부 사람들의 내면을 동요시켰다는 것을 깨달았다. 그 동요가 그들의 마음속에 그다지 아름다운 화음을 불러일으키지 못했다는 것을…….

강의 내내 말없이 앉아 있던 한 참석자가 갑자기 손을 들고 질문을 했다.

"핵심 가치가 자신의 현실을 결정한다고 하셨죠. 그렇다면 그 가치를 결정하는 것은 무엇입니까?"

"아주 좋은 질문을 하셨습니다. 사실은 그런 질문이 나오길 바랐거든요." 나는 칠판에 학습 피라미드 그림을 그렸다.

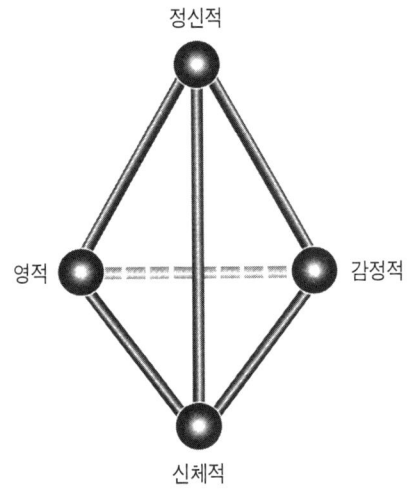

나는 청중을 향해 말했다.

"진정으로 삶을 변화시키는 교육이 되기 위해서는, 이 네 꼭짓점 모두가 작용해야 합니다. 예를 들면, 몸을 움직여서 신체적으로 자동차를 다루지 않고는 절대 운전을 배울 수 없지요."

"운전을 배우는 것이 사분면 이동법을 배우는 것과 유사합니까?"

"네, 크게 다르지 않습니다. 이제, 각기 다른 핵심 가치의 이면에는 어떤 차이점이 있는지 설명해 드리겠습니다. 가령 자동차 운전을 겁내는 사람이 있다고 합시다. 어떤 가치가 그런 두려움을 야기할까요? 정신적으로 어떤 생각을 하고, 또 신체적으로는 어떻게 행동할까요?"

참석자들은 한동안 생각에 잠겼다. 마침내 한 사람이 말했다. "내가 만일 정말로 운전을 두려워한다면, 밖에 나가지 않고 집안에만 있고 싶어 할 겁니다. 운전은 위험한 것이라고 생각하기 때문에 저녁 뉴스 시간에 나오는 교통 사고 소식을 귀 기울여 들을 테고요. 그런 뉴스를 보면서 집에만 있길 잘했다고 자위를 하겠지요."

"감사합니다. 매우 훌륭한 예를 들어주셨군요." 나는 참석자들 전체를 둘러보며 이렇게 물었다. "자, 그런 식으로 삶을 살고 싶은 분이 계십니까?"

아무도 손을 드는 사람이 없었다.

"질문을 하나 더 하죠." 나는 미소를 띠며 물었다. "위험하긴 하지만 운전을 좋아하는 분 있습니까?"

청중석 여기저기서 손을 드는 사람이 많았다.

"멋진 해변을 따라 길게 나 있는, 구불구불하고 텅 빈 도로를 달리거나, 아름다운 산맥을 차로 달리면서 한껏 흥분되고, 영적인 느낌에 가까운 감동을 느껴본 분들이 있습니까?"

이번에도 상당히 많은 사람들이 손을 들어올렸다. 그 가운데 한 젊은 여성이 일어나서 크게 말했다.

"작년 여름이었어요. 제 빨간 스포츠카의 지붕을 활짝 열고, LA에서 샌프란시스코까지 뻗어 있는 해변 도로를 달렸습니다. 내 생에 최고의 기분을 느낀 경험이었지요."

또 다른 참석자가 손을 들고 경험담을 얘기했다.

"가족을 태우고 로키 산맥 뒤쪽 지역으로 난 길을 달린 적이 있습니다. 마치 하늘을 가로질러 질주하는 듯한 기분이었습니다."

손을 든 사람들이 더 있었지만, 나는 경험담을 들려준 이들에게 고맙다는 말을 하고 칠판의 그림을 향해 돌아섰다. 시간이 다 되어 이제 슬슬 마무리를 해야 했다. 나는 학습 피라미드를 가리키며 이렇게 말했다.

"안정성을 최고의 가치로 여기는 사람들의 경우, 그 가치 이면에 숨겨진 힘은 바로 학습 피라미드의 감정적 꼭짓점에서 나옵니다."

그러자 한 참석자가 질문했다.

"어떤 사람이 중요시하는 가치의 이면에는 그의 감정이 숨어 있다는 얘기입니까?"

"반드시 그런 것은 아닙니다만, 직업의 안정성에 가치를 두는 사람의 경우, '두려움'이라는 감정이 그 가치를 결정하지요. 그리고 그 가치가 현실을 결정합니다. 지나친 비유인지는 모르겠습니다만, 안정적인 직업을 떠나기를 두려워하는 사람은 운전이 무서워 집 안에서 교통 사고 뉴스만 시청하는 사람과 다를 바가 없습니다."

"〈S〉 그룹 사람들의 핵심 가치를 결정하는 것도 그 두려움이란 감정입니까?"

"대체로 그렇습니다. 그러나 조금 다른 종류의 두려움이지요. '신뢰감의 결여'에서 오는 두려움이니까요. 그들은 오로지 자신만을, 혹은 확실하게 신뢰할 수 있는 사람만을 믿습니다. 그러한 두려움 때문에 다른 사람에게 맡기는 게 불안해 직접 일을 하는 것이지요. 요컨대, 그들의 현실을 결정하는 것은 다른 이들에 대한 신뢰감의 결여입니다. 안정성에 대한 추구가 〈E〉 사분면 사람들의 수입 잠재력을 제한하듯이, 〈S〉 사분면의 그러한 가치가 그들의 수입 능력을 제한합니다. 이러한 사실이 상당히 일반적인 현상임을 명심하십시오. 물론 이것은 정밀 과학의 법칙은 아닙니다. 우리는 모두 다양하게 연계되어 있으며, 다양한 상황에서 각기 다양하게 반응합니다. 누구나 두려움과 불신이라는 감정을 경험하지만, 그러한 감정에 반응하는 양상은 저마다 다르다는 뜻입니다."

한 참석자가 일어나서 물었다.

"내 핵심 가치의 이면에 두려움과 불신이라는 감정이 존재한다는 말입니까? 그것들이 내가 〈S〉 사분면에서 빠져나오지 못하도록 붙들고 있다는 겁니까?"

"글쎄요, 당신 자신만이 그 질문에 답할 수 있습니다. 내가 말했듯이, 이것은 과학 법칙이 아니므로 각자 다를 수밖에 없습니다. 이 강연이 끝난 후에, 조용히 앉아서 자신에게 그 질문을 다시 던져보십시오. 그러면 자신만의 대답을 찾을 수 있을 겁니다."

그 참석자는 선 채로 잠시 생각에 잠겼다. 내 대답이 만족스럽지 못한 모양이었다. "그러면 〈B〉와 〈I〉 사분면에 있는 당신의 핵심 가치 이면에는 어떤 감정이 있나요?"

"마침 기다리고 있던 질문을 해주셨군요. 그에 대한 대답을 하고 나면 제가 이 강연에서 하고자 했던 말은 모두 다 하게 되는 것입니다. 그 다음에 자신의 대답과, 자신의 가치에 대해 생각해 보는 것은 전적으로 여러분 몫이고요."

"그럼, 이제 그 대답을 해주시겠습니까?" 15분 전부터 강연장을 나갈 준비를 하고 있던 한 참석자가 외쳤다. 그는 출입문 바로 옆에 서 있었는데, 대답을 듣기 전에는 강연장을 나가지 못하겠다는 표정이었다.

"〈B〉 사분면의 내 핵심 가치를 형성하는 힘은 학습 피라미드의 감정적 꼭짓점에서 나오지 않습니다. 그것은 바로 영적 꼭짓점에서 나옵니다."

"영적 꼭짓점이요? 어떻게 그게 가능합니까?"

"감정적 꼭짓점과 영적 꼭짓점은 서로 다른 쪽에 위치하기 때문입니다. 예를 들어, 나는 직업의 안정성 대신에 자유를 추구합니다. 자유란 영적인 측면과 관계 깊은 개념인 반면, 안정성은 감정적인 측면과 관계됩니다. 〈S〉 그룹의 사람들을 〈S〉 사분면에 가둬 두는 것은 남을 신뢰하지 못하는 데서 오는 두려움입니다. 그러한 두려움이 그들의 현실을 결정짓고요. 다른 사람을 믿고 기꺼이 그들의 도움을 받는 것, 그것은 영적인 사고방식입니다. 두려움은 사람을 가두지만, 신뢰는 자유로 이끌지요."

그 말을 듣고 사람들이 조용해졌다. 떠날 채비를 하고 있던 그 참석자는 자기 자리로 돌아가 앉았다. 그때, 내 설명에 가장 회의적인 반응을 보였던 참석자가 말을 꺼냈다.

"여러 번의 사업 실패를 겪는 동안 당신을 지탱해 준 것은 자유에 대한 비전과 자신 및 다른 이들에 대한 신뢰였겠군요."

"그렇습니다. 하지만 나와 타인에 대한 신뢰를 넘어서, 나는 사람들이 말하는 '신'에 대해서 커다란 믿음을 갖고 있습니다. 물론 나는 매우 신앙심이 돈독한 사람은 아닙니다……. 하지만 나는 분명히 신, 그러니까 내 이해의 영역을 뛰어넘는 어떤 절대자가 존재한다는 것을 믿습니다. 그러한 내면의 믿음 덕분에, 아무리 상황이 힘들어져도 내가 성공할 수 있다는 사실에 대해 신념을 가질 수 있는 것입니다. 단순히 신의 존재를 믿고 신앙을 갖는 것과, 신의 능력을 신뢰하고 의지하는 것 사이에는 엄청난 차이가 있습니다. 부자 아빠는 이렇게 말했습니다. '신을 믿는다고 말하는 이들은 많지만, 진정으로 신을 신뢰하고 의지하는 사람은 드물다. 만일 신을 참되게 믿고 모든 걸 맡긴다면, 그들의 마음에서 두려움은 사라지고 자신감과 신뢰감이 가득 찰 것이다.' 결국 내가 사분면을 옮길 수 있었던 것은 신에 대한, 전능한 절대자에 대한 굳은 신뢰 때문입니다."

"그래서 사업 실패를 겪으면서도 절대 신념을 잃지 않았군요." 가장 회의적이었던 참석자가 말했다.

나는 고개를 끄덕였다. 그리고 잠시 생각을 정리한 뒤, 부자 아빠가 내게 해줬던 얘기로 강연을 마무리했다.

"부자 아빠는 내게 이렇게 말했습니다. '비전과 신념은 떼려야 뗄 수 없는 관계란다. 더 밝게 빛나는, 더 나은 미래에 대한 비전을 가지려면 반드시 신념을 지녀야 하니까……. 네가 가진 신념이 흔들리면 비전도 희미해질 수밖에 없다. 그리고 비전과 신념이 약해지면, 네 미래는 오늘보다 한 발짝도 더 나아지지 않을 것이다.' 라고요."

나는 강연장을 나오면서 사람들에게 감사의 인사를 했다. 대부분이 자리를 뜨지 않고 자리에 앉아 있었다. 나는 돌아서서 이렇게 말했다.

"마지막으로, 내가 두 번째 사업을 실패했을 때 부자 아빠가 해 준 얘기를 여러분에게 남기고 가겠습니다. '네가 마음에 품고 있는 가치가 네 현실을 결정짓는다는 사실을 명심해라. 또 가치를 결정하는 힘으로 두려움을 택할 것인지, 신념을 택할 것인지는 전적으로 네게 달렸다는 것도…….'"

제9장
네트워크 마케팅의 여덟 번째 가치
리더십의 가치를 일깨워준다

돈은 최고 품질의 제품과 서비스를 따라가는 게 아니다.
돈은 언제나 훌륭한 리더들이 이끄는 사업체로,
최고의 경영팀이 존재하는 곳으로 흘러들기 마련이다.

내 가난한 아빠는 매년 새로 임용된 수백 명의 교사들 앞에서 자신의 교육구에 온 것을 환영하는 연설을 하곤 했다. 아직 어린 소년이었지만, 나는 단상 위에서 연설하는 아빠의 모습에서 당당한 자신감과 정직함을 느낄 수 있었다. 강당의 모든 사람들이 아빠의 연설에 조용히 귀 기울이고 있는 모습을 보면 그렇게 자랑스러울 수가 없었다.

나는 또 내 부자 아빠가 사내 회합에서 수백 명이나 되는 직원들을 앞에 앉혀놓고 강연하는 모습도 여러 번 보았다. 그럴 때면 나 역시 뒷줄에 앉아서 부자 아빠가 회사 중역진과 주요 투자가들에게 자기 사업의 과거, 현재, 미래상을 세세히 설명해 주는 모습을 지켜보았다.

비록 어린 나이였지만 나는 단순히 말하는 능력 이상의 뭔가 중요한 게 있음을 깨달았다. 그것은 바로 상대방을 리드하고 영감을 불어넣는 능력이었다.

많은 네트워크 마케팅 사업의 교육 프로그램을 조사해 본 결과, 나는 그들이 개발하고 훈련시키는 중요한 기술 가운데 하나가 '리더십'이라는 사실을 알았다. 누구에게나 리더십은 잠재되어 있다. 그러나 그것을 계발할 수 있는 훈련 과정과 시간, 기회를 실제로 가질 수 있는 사람은 매우 적다. 그래서 극히 소수의 사람들만이 삶에서 매우 중요한 이 기술을 발휘하고 있는 것이다.

내 가난한 아빠가 "말을 하는 사람들은 많이 있다. 하지만 흡인력 있게 청중을 끌어모으는 사람은 거의 없다."라고 한 말은 옳다. 또 부자 아빠는 이렇게 말했다. "돈은 언제나 리더십을 가진 자를 따라간다. 돈을 많이 벌고 싶다면, 먼저 리더십을 키워라."

리더십은 선택 사항이 아니다

내 부자 아빠는 또 이렇게 말하곤 했다.

"모든 사분면에는 각각 리더들이 있다. 그러나 네 개의 사분면 모두에서 리더십이 성공의 필수적인 요건이 되는 것은 아니지. 리더십이 반드시 필요한 곳은 〈B〉 사분면이란 의미다. 〈B〉 사분면에서는 리더십이 선택 사항이 아니라 필수 자질이란다. 돈은 최고 품질의 제품과 서비스를 따라가는 게 아니다. 돈은 언제나 훌륭한 리더들이 이끄는 사업체로, 최고의 경영팀이 존재하는 곳으로 흘러들기 마련이다."

현금흐름 사분면의 각 사분면에는 모두 리더들이 존재한다.

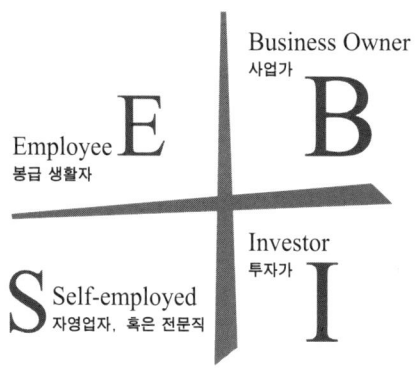

예를 들어, 내 가난한 아빠는 〈E〉 사분면에서 매우 활력 넘치고 적극적인 리더였고, 부자 아빠는 〈B〉와 〈I〉 사분면의 리더였다. 내가 아주 어릴 적부터, 두 아빠 모두 리더십의 중요성을 강조했다. 그래서 내게 보이 스카우트 가입이나 스포츠 경기 참가, 군대 입대 등을 적극적으로 권유했다. 지금 생각해 보면 나의 직업적, 경제적 성공에 가장 큰 영향을 주었던 것은 학교에서 배운 교과 과목들이 아니라 보이 스카우트, 스포츠 팀, 군대 등에서 받은 훈련들이다.

1970년대 초, 내가 군복무를 마치고 〈B〉 사분면의 사업에 뛰어들려고 준비하고 있을 때, 부자 아빠는 〈B〉 사분면에서 성공하려면 리더십을 반드시 갖춰야 한다고 강조했다. 나는 군대 생활을 마치고 제대하던 날, 군 기지의 정문을 나서면서 이런 의문을 품었다.

리더십의 가치를 일깨워준다 **155**

"과연 지금 내가 가진 리더십으로 충분할까?"

제대 후에 내가 어떤 일을 겪었는지 아는 사람이라면, 내가 보이 스카우트나 스포츠 팀, 군대에서 받은 리더십 훈련만으로는 〈B〉 사분면의 사업에서 부딪치는 도전들을 감당하기엔 역부족이었음을 잘 알 것이다. 네트워크 마케팅 사업의 가장 큰 가치 중의 하나는 그곳에서 제공하는 리더십 훈련 과정이다. 그들은 비즈니스에서 가장 중요한 기술인 리더십을 계발할 기회와 시간, 교육을 제공한다. 〈B〉 사분면에서 성공하기 위해 없어서는 안 될, 필수적인 '리더십' 말이다.

〈E〉나 〈S〉 사분면에서 〈B〉 사분면으로 이동하는 데 커다란 어려움을 겪고 있는 사람들은 대개 뛰어난 전문 기술이나 경영 능력을 소유하고도 딱 한 가지, 바로 리더십이 부족한 경우가 많다.

예전에 친구 하나가 나를 찾아왔다. 레스토랑을 직접 차려 경영해 볼 생각인데 자금이 부족하다는 것이었다. 그는 머리도 명석하고 능숙한 데다 공식적인 대규모 만찬을 준비해 본 경험도 풍부한 요리사였다. 이미 그는 새로 차릴 레스토랑과 관련해 기발하고 참신한 구상을 준비해 놓은 상태였다. 꼼꼼한 사업 계획, 탄탄한 재정 예산도 세웠고 좋은 자리까지 물색해 놓은 터였다. 그가 새 레스토랑 문을 열면 따라올 단골손님들도 줄을 서 있다고 했다. 단, 창업에 필요한 50만 달러를 지원해 줄 투자가만 찾는다면 말이다.

그게 벌써 지금으로부터 5년 전 일이다. 그가 기획안을 보여줬을 때 나는 다른 투자가들과 마찬가지로 그의 제안을 거절했다. 그는 아직도 같은 레스토랑에서 종업원으로 일하면서 창업 자본 50만 달러를 구하고 있는 중이다. 당시에 빨리 돈을 마련하지 못하는 바람에, 물색해 두었던 장소도 놓치고 말았다. 하지만 그는 지금이라도 적합한 투자가를 찾기만 하면 더 좋은 자리를 알아볼 수 있다고 장담한다.

더없이 훌륭하고 근사한 계획처럼 들리지만, 나는 그의 창업 계획에 투자하지 않았다. 다른 투자가들이 그에게 투자하지 않은 이유까지야 내가 알 수 없지만, 내가 투자를 거절한 이유는 얘기해 줄 수 있다. 이유는 간단하다. 위험한 투자가 되리라고 생각했기 때문이다. 다시 말해, 그의 레스토랑 사업이 성공할 가망성이 거의 없어 보였기 때문이다. 어쩌면 성공할 수도 있을지 모른다고 생각했던 것도 사실이다. 하지만 어쨌든 나는 투자하지 않았다.

여기서 그 이유를 말해 주겠다.

첫째, 그는 경험도 풍부하고 매력과 카리스마가 넘치는 사람이었다. 하지만 상대에게 자신감을 불어 넣어주는 리더십이 부족했다.

둘째, 그가 레스토랑을 차려서 훌륭히 경영해 나간다 할지라도, 과연 대규모 레스토랑 체인 사업으로 성장시킬 수 있을지 의심스러웠다. 그가 이렇게 말했던 건 바로 자신감이 부족했기 때문이다. "난 꼭 성공할 거야. 하지만 반드시 소규모로 운영해 나갈 생각이야."

〈현금흐름 사분면〉에서 〈S〉와 〈B〉 사분면 사이의 차이는 바로 그 규모에 있다.

예를 들어 누군가가 "나는 저 아래 6번가와 바인(Vine) 가가 만나는 모퉁이에 햄버거 가게를 열 생각입니다."라고 말한다면, 그는 〈S〉 타입의 사업과 사고방식에 오랫동안 길들여져 그것만이 옳다고 생각하는 사람이다.

하지만 "나는 전 세계 주요 도시의 중심가 모퉁이마다 햄버거 가게를 내고 싶습니다. 그리고 가게 이름을 '맥도널드'라고 붙일 겁니다."라고 말하는 사람은 다르다. 같은 햄버거 가게라 하더라도 이 사람의 경우는 〈B〉 사분면에서 사업을 구상하고 있기 때문이다. 다시 말해, 똑같은 햄버거 장사를 하지만 다른 사분면에서 사업을 하는 것이다. 내 부자 아빠는 이렇게 말하곤 했다.

"가게를 내고 싶은 모퉁이 수에 차이가 나는 만큼 그들의 리더십에 차이가 있는 거란다."

셋째, 내가 투자한 금액을 회수할 수 있을지 의심스러웠다. 그 사업이 반드시 실패할 것 같아서만은 아니었다. 내 투자 금액 회수를 확신할 수 없었던 이유는 그가 성공을 하더라도 늘 소규모 사업으로만 머물 것 같았기 때문이다. 설령 투자 금액을 되돌려 받는다 해도 상당히 오랜 시간이 걸릴 것이고, 그것은 투자한 돈을 가능한 한 빨리 회수한다는 내 투자 원칙에 위배되는 일이었다. 그러면 내 돈은 한 군데 묶여서 다른 투자 대상에 재투자하기가 불가능해진다. 이러한 개념을 '투자 자본의 속력'이라고 한다.

내가 투자를 하지 않은 또 다른 이유는 그의 사업이 소규모로 머문다면, 내 투자액 역시 크게 불릴 수 없을 게 뻔했기 때문이다. 만일 사업이 대규모로 성장해서 내 50만 달러가 수백만 달러로 불어날 가능성이 있다면 아마 나는 신나게 투자했을 것이다. 하지만 그에게는 사업을 크게 확장시킬 만한 리더십이 부족했기 때문에,

내 돈을 불릴 수 있을지 확신할 수 없었다. 이런 것이 바로 〈S〉에서 〈B〉 사분면의 사업으로 옮겨가는 데 필요한 리더십 기술이 부족하기 때문에 치러야 하는 대가인 셈이다. 내 부자 아빠는 이렇게 얘기했다. "돈은 최고 품질의 제품과 서비스가 있는 사업을 따라가는 게 아니다. 돈은 언제나 훌륭한 리더들이 이끄는 사업체로, 최고의 경영팀이 존재하는 곳으로 흘러들기 마련이다."

내가 투자하지 않은 네 번째 이유는, 그는 언제나 자신이 팀원들 가운데서 가장 똑똑해야 한다고 생각했기 때문이다. 그는 자존심이 꽤 강한 사람이었다. 내 부자 아빠는 종종 이렇게 말했다. "네가 팀의 리더이면서 그 팀에서 가장 똑똑한 사람이라면, 그 팀은 분명 뭔가 문제가 있는 것이다." 부자 아빠의 얘기는, 대부분의 〈S〉 타입 사업에서는 우두머리가 가장 똑똑하고 유능하다는 의미다. 우리가 병원에 가서 진료를 받을 때 접수원이 아니라 의사를 찾아간다는 사실을 떠올려보길 바란다.

〈B〉 사분면에서는 리더십이 무엇보다 중요하다. 〈B〉 타입의 사람은 자신보다 훨씬 더 똑똑하고, 경험 많으며, 능력이 뛰어난 사람들을 다루고 관리해야 하기 때문이다. 나는 부자 아빠가 정규 교육을 제대로 받은 적이 없음에도 불구하고 자신의 사업을 위해 많은 은행가, 변호사, 회계사, 투자 조언가들을 능숙하게 다루는 것을 보았다. 그들 대부분은 석사 학위, 일부는 박사 학위를 갖고 있었다. 다시 말해 부자 아빠는 사업을 이끌기 위해서 자신보다 훨씬 학력이 높은 다양한 분야의 전문가들을 리드하고 감독해야 했던 것이다. 또 사업의 성공을 위해서 자신보다 훨씬 부자인 사람을 능숙하게 다뤄야 할 때도 많았다.

대개 〈S〉 타입의 사람들은 고객이나 (의사 혹은 변호사 같은) 자신의 동료, 또는 그 아랫사람들만 잘 다루면 된다고 생각한다. 하지만 〈B〉 사분면으로 성공적으로 옮겨가기 위해서는 리더십 기술의 획기적인 도약이 반드시 필요하다.

그에게는 리더십이 선택 사항이었다

어느 날, 그 친구가 내게 전화를 걸어서 왜 자기에게 투자를 하지 않느냐고 물었다. 나는 위에서 말한 네 가지 이유를 대강 설명해 줬다. 그러자 그는 다소 기분이 상했는지 이렇게 말했다.

"나는 세계 최고의 교육을 받았다네. 전 세계의 요리사들이 다니길 꿈꾸는 전문 요리 학교를 졸업했어. 게다가 수년 동안 주방 경험을 쌓았을 뿐 아니라 레스토랑 총책임자로 일한 경력도 있네. 이런 내가 리더십이 부족하다는 게 말이 되나?"

그러나 내가 자본과 자신감, 리더십, 이 셋이 적절하게 조화를 이뤄야만 성공할 수 있다고 차근차근 설명해 주자, 그는 내 말의 핵심을 이해하기 시작하는 것 같았다. 하지만 여전히 중요한 걸 놓치고 있었다. 마지막으로 그는 이렇게 물었다.

"나는 분명히 훌륭한 전문 교육을 받았고 실무 경험도 풍부한데, 도대체 왜 내게 리더십 기술이 필요한가?"

내가 네트워크 마케팅 회사는 사업 교육뿐 아니라 리더십 계발 교육도 제공하니 한번 참여해 보라고 조언하자 그는 버럭 화를 냈다. "나는 이미 레스토랑 업계에 종사하고 있는 사람이야. 사업 교육이나 리더십 계발은 필요 없단 말일세."

그에게는 평생에 걸친 사업 교육과 리더십 계발이 단지 선택 사항에 불과하다는 것을 깨달은 순간이었다.

세계 최고 수준의 훈련과 교육

이 책의 서두에서 말했듯이, 몇몇 네트워크 마케팅 사업의 가장 중요한 가치는 삶을 변화시키는 교육 시스템에 있다. 아울러 최고의 리더십 계발 프로그램도 갖고 있다는 점을 강조하고 싶다. 그 프로그램이 내게 준 영향은 값을 따질 수 없을 만큼 귀중한 것이기 때문이다.

네트워크 마케팅 사업에 대해 내가 갖고 있던 편견을 버리고 그 사업을 알아보는 동안, 나는 그 사업을 통해 교육을 받은 이후 성공한 사업가들을 직접 만나보았다. 최근에는 컴퓨터 관련 사업으로 수천만 달러를 번 젊은 사업가를 만났다. 그는 이렇게 말했다.

"여러 해 동안 나는 그저 평범한 프로그래머였습니다. 그런데 하루는 친구녀석을 따라 네트워크 마케팅 회사의 설명회에 참석한 뒤 가입을 했습니다. 처음 발을 들여놓은 후 몇 년 동안 내가 한 일은 설명회나 집회에 참석하고, 책을 읽고, 테이프를 들은 게 전부였습니다. 지금도 집에 가면 책장에 수백 개의 테이프와 책 더미가 쌓여 있지요. 그런 노력 끝에 내가 거둔 결실은 단지 네트워크 마케팅 업계에서 성공을 이룬 것뿐이 아닙니다. 나는 곧 프로그래머 일을 그만두고, 내가 배운 것들을 활용해 직접 컴퓨터 관련 사업에 뛰어들었습니다. 그리고 내 회사는 3년 전 기업 공개를 실시한 이후 수천만 달러의 수익을 올리는 기업체로 성장했지요. 만일 네트워크 마케팅 회사의 교육 과정이 없었다면 해내지 못했을 겁니다. 그것은 정말 최고의 사업 및 리더십 계발 훈련 과정이었습니다."

진정한 리더는 영혼을 향해 말한다

나는 네트워크 마케팅 사업을 조사하는 동안 설명회와 대규모 집회에 여러 차례 참석했다. 그 자리에서 나는 최고의 사업 리더들이 진행하는 강연을 듣곤 했다. 그들은 사람들에게 각자가 지닌 위대함을 발견하도록 격려하고 영감을 불어넣어 주었다. 무일푼으로 출발해서, 마침내 초반에는 무모하게만 느껴졌던 목표를 훨씬 뛰어넘는 부자가 되었다는 그들의 사업 인생 이야기를 들으면서, 나는 그 사업에서 가르치는 것이 부자 아빠가 말하던 것과 일치한다는 사실을 깨달았다. 바로 '리더'가 되어야 한다는 것이다. 부자 아빠는 이렇게 말했다.

"언제나 돈은 리더를 따라간다. 네가 돈을 벌고 싶다면, 먼저 훌륭한 리더가 되거라." 최고의 네트워크 마케팅 회사들은 사람들로 하여금 훌륭한 판매 사원이 아닌, 훌륭한 리더가 되도록 이끄는 교육 프로그램을 갖고 있다.

이제 학습 피라미드를 통해, 완전히 다른 두 가지 커뮤니케이션 방식을 알아보자.

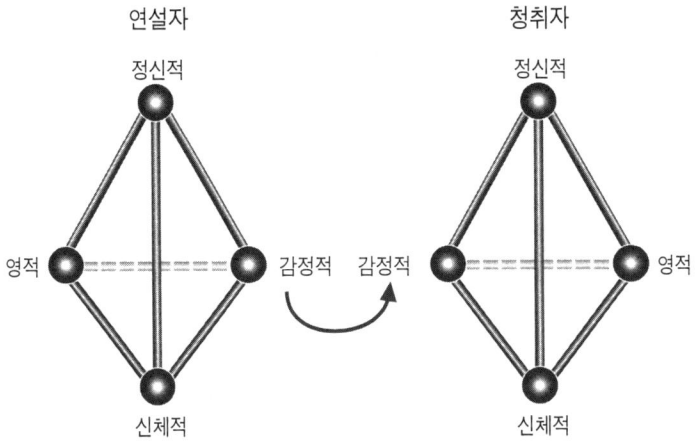

두려움과 탐욕이라는 감정에 호소하는 사람들

소위 리더라고 하는 사람들은 물론이고, 대부분의 사람들은 감정에서 감정을 향해 이야기한다. 두려움이나 탐욕을 자극하기 위해 애쓴다는 얘기다. 이들은 이렇게 말한다.

—— "학교에서 좋은 성적을 받지 못하면 좋은 직장에 들어갈 수 없어."
—— "그렇게 지각을 밥 먹듯이 하면 머지않아 자넨 쫓겨날 거야."
—— "저를 뽑아주신다면, 반드시 여러분이 사회 보장 혜택을 제대로 받을 수 있도록 만들겠습니다."
—— "안전한 방법을 택해. 불필요한 리스크를 떠안진 말라고."
—— "제 사업에 동참하십시오. 대박이 터질 사업입니다."
—— "빨리 부자가 되는 방법을 알려드리겠습니다."

리더십의 가치를 일깨워준다

── "내가 시키는 대로만 하세요."
── "자네도 알다시피, 요즘 회사 사정이 힘들어. 해고되고 싶지 않거든 봉급 인상은 요구하지 말게나."
── "그만둘 형편이 못 될 거야. 요즘 우리만큼 봉급을 주는 데가 어디 있나?"
── "8년만 더 버티면 은퇴하시잖아요. 괜한 위험을 무릅쓰지 마세요."

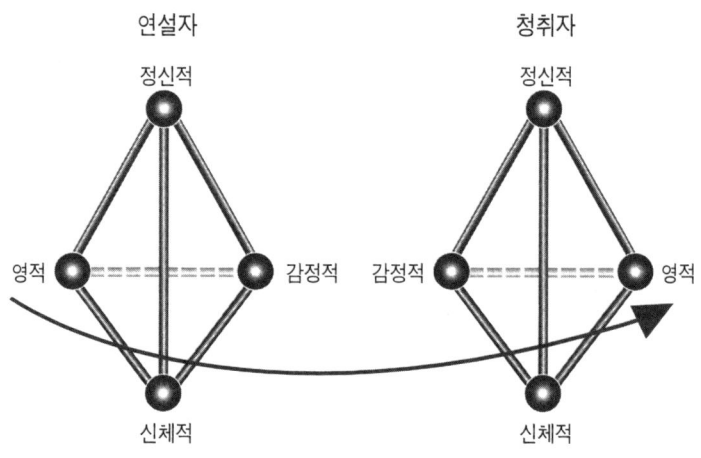

영혼에서 영혼을 향해 말하는 사람들

진정한 리더라면 자신의 영혼에서 우러나오는 말을 통해 타인의 영혼을 자극해야 한다. 하지만 오늘날은 특히 그런 능력을 가진 사람을 좀처럼 보기 힘들다. 드물기는 해도, 우리는 훌륭한 리더들이 남긴 말들을 되새겨볼 수는 있다. 사람들의 영혼에 스며드는 그들의 말은 종종 역사 속에 묻히지 않고 후대에 전해진다.

  기록으로 남아 두고두고 우리들의 영혼을 흔드는, 역사 속 인물들의 말을 떠올려보자.

"적을 친구로 만드는 것이 곧 적을 없애는 것 아닙니까?"
— 에이브러햄 링컨

"타인의 자유를 억누르면 자신의 자유도 구속되는 겁니다."
— 부커 워싱턴(미국의 교육자, 흑인 지도자)

"국가가 당신을 위해 무엇을 해줄 것인가를 묻지 말고……."
— 존 F. 케네디

"나에게는 꿈이 있습니다."
— 마틴 루터 킹

"승리란 습관입니다. 유감스럽지만 패배도 마찬가지입니다."
— 빈스 롬바르디

"오직 자유에 대한 신념만이 진정 우리를 자유롭게 합니다."
— 드와이트 아이젠하워

"비겁한 자는 결코 도덕적일 수 없습니다."
— 간디

"(여성들이여) 겸손해하지 말라. 그대들은 아직 겸손해할 만큼 위대하지 않으니……."
—— 골다 메이어

"힘 있는 자가 되는 것은 숙녀가 되는 것과 같습니다. 자신이 힘 있는 자라고 얘기해야 한다면, 그는 이미 힘 있는 자가 아닙니다."
—— 마거릿 대처

"당신이 할 수 없는 것이 당신이 할 수 있는 것을 방해하도록 놔두지 마십시오."
—— 존 우든

"내게서 가장 좋은 점을 끌어내는 친구가 가장 좋은 친구입니다."
—— 헨리 포드

"성공한 자가 되려고 노력하지 말고 가치 있는 자가 되도록 노력하십시오."
—— 앨버트 아인슈타인

많은 네트워크 마케팅 회사들은 부자가 될 수 있는 큰 가능성을 심어주는 것을 넘어서, 더욱더 크고 진정한 가치를 가진 사람을 만들어낸다. 내가 몇몇 네트워크 마케팅 회사는 값을 따질 수 없을 만큼 훌륭하다고 생각하는 이유가 바로 여기에 있다.

제10장
네트워크 마케팅 사업이 꾸준히 성장하는 이유

> 산업화 시대에는 당신이 열심히 일하고 회사와 정부가
> 당신을 돌봐주는 것이 규칙이었다. 하지만 정보화 시대에는
> 당신 스스로 앞길을 개척해 나가는 것이 최선이다.

네트워크 마케팅 업계의 미래는 매우 밝다. 앞으로 다가올 경제적 변화와 진행 중인 추세가 그려내는 지형도를 생각해 보건대, 더욱더 많은 사람들이 이 사업으로 발길을 돌릴 것이다. 다음은 내가 예견하는 몇 가지 추세와 경제적 변화상이다.

사람들은 보다 자유로워지고 싶어 한다

25세에 취직한 뒤, 쫓겨나지 않기 위해 위에서 시키는 대로 열심히 일하며 평생 그곳에 머물러 있던 시대는 이제 지났다. 오늘날

사람들은 보다 유동성 있고 선택권이 넓은 삶을 살고 싶어 하며, 자신의 방식대로 인생을 설계하고 싶어 한다. 파트타임으로 시작하는 네트워크 마케팅 사업은 사람들에게 삶에 대한 통제력을 지닐 수 있게 해주고, 나아가 자유를 누릴 수 있게 해준다. 게다가 가입하는 데 큰 비용이 들지 않으며 변화를 두려워하는 이들에게 이미 훌륭하게 구축되어 있는 교육 시스템까지 제공하니 말이다.

사람들은 부자가 되고 싶어 한다

내 부모님 세대에서는 "열심히 노력하면, 나이가 들고 경력이 쌓일수록 돈을 더 많이 벌게 된다."라는 게 상식이었다. 경력이 쌓이면 봉급이 올라가기 때문에 그렇다는 얘기였다. 그리고 삶을 마감할 때가 가까워 오면, "은퇴하고 나면 수입이 거의 없어지겠지."라고 말한다. 다시 말해 '평생 열심히 일하고 가난하게 은퇴하는 것'이 일종의 삶의 공식이었다.

요즘은 딱히 제대로 된 직장에 다닌 적도 없는 사람이 25세의 나이에 소프트웨어 회사를 차려 거부가 되기도 한다. 또 50세의 나이에, 연봉 5만 달러 정도를 받을 수 있는 직장을 찾아다니는 사람도 있다. 그런데 더 심각한 건, 그런 50대 사람은 노후를 위해 따로 저축해 둔 돈이 없어 쉽사리 은퇴하지도 못한다는 것이다. 이런 사람에게 필요한 것은 '직장'이 아니다. 그에게는 부자가 되는 방법, 나머지 인생을 충분히 보낼 수 있을 만큼의 소득을 확보할 특별한 방법이 필요하다. 네트워크 마케팅 회사가 바로 그런 기회를 제공한다. 교육과 조언, 뛰어난 사업 시스템을 통해 스스로 〈B〉 타입의 사업을 구축하도록 도와주기 때문이다.

머지않아 2010년쯤이면, 미국의 베이비붐 시대에 태어난 첫 세대인 7,500만 명에 달하는 사람들이 65세 정도가 된다. 그 중 많은 사람들이 그들의 직장이 보장해 주지 못했던, 노후까지 안정을 얻을 수 있는 길을 찾으려고 네트워크 마케팅으로 몰릴 것이다. 뿐만 아니라, 그 업계에서 성공적으로 사업을 일군 사람은 세계 갑부 대열에 낄 가능성이 높다. 고학력 전문직 종사자인 의사, 변호사, 엔지니어 등은 물론이고 스포츠 스타나 영화 배우, 록 스타들보다 훨씬 많은 소득을 올릴 가능성이 있다는 의미다. 2010년이 아직 도래하지 않은 지금, 이미 네트워크 마케팅 사업에 뛰어들어 열심히 기반을 닦고 있는 사람들은 제 길을 찾는 베이비붐 세대와 함께 성공의 가도를 달릴 게 분명하다.

노후 대책을 위한 개인 포트폴리오는 사라질 것이다

역사상 요즘처럼 많은 사람들이 자신의 은퇴 후의 삶을 주식 시장에 내맡긴 시기가 없었다. 이것은 스스로 경제적 재앙을 불러오는 도화선에 불을 붙이는 것과 마찬가지다.

내 부모님 세대는 노후 대책 마련을 자신이 일했던 회사와 정부에 크게 의존했다. 회사가 알아서 노후 대비를 위한 포트폴리오를 관리해 주었기 때문에 걱정할 필요가 없었던 것이다.

하지만 오늘날은 은퇴 이후의 삶을 자기 스스로 책임지고 헤쳐

나가야 한다. 가령 78세가 되었는데 돈이 바닥났다고 해서 이전 고용주에게 찾아가 도움을 청할 수는 없는 노릇 아닌가.

2010년쯤이면 미국의 주식 시장이 붕괴될 가능성이 상당히 높다. 그러면 대부분의 퇴직 연금 역시 주식 시장과 더불어 붕괴될 것이다. 만약 이런 일이 발생하면, 수백만 명의 사람들이 은퇴하지 못하고 일을 계속 해야 하거나 혹은 자신이 꿈꿔 오던 행복하고 여유 있는 노후를 맞지 못하게 된다. 퇴직 연금 구좌에 2백만 달러 상당의 뮤추얼 펀드를 보유하고 있던 이들은 갑자기 자신의 포트폴리오가 반으로 줄어든 것을 발견하고는 낙심하게 될 것이다. 게다가 양도 소득세까지 물게 되면 남아 있던 포트폴리오의 가치마저 날려버릴 수 있다. 이것이 바로 자신의 은퇴 후의 삶을 몽땅 '종이 자산'에 내맡길 때 생기는 리스크이다.

앞에서도 말했지만 요즘은 그 어느 때보다도 많은 이들이 은퇴 후의 삶을 변덕스럽기 그지없는 주식 시장에 내맡긴다. 이런 상황이 하루아침에 바뀌지 않는 이상, 많은 이들은 경제적 안정을 얻을 다른 방법을 모색할 것이다. 이를테면 네트워크 마케팅 사업에 참여하여 〈B〉 사분면의 사업을 구축하는 것과 같은 방법 말이다.

많은 사람들이 눈을 뜰 것이다

2010년이 다가옴에 따라, 보다 많은 사람들이 산업화 시대는 끝나고 이제 완전히 다른 규칙이 세상을 지배하리라는 사실을 깨닫게 될 것이다.

1989년 베를린 장벽이 무너지고 인터넷이 새 시대의 강력한 도구로 급부상했을 때 세상을 움직이는 규칙 또한 변화했다. 많은 경제 역사가들의 전망에 따르면, 산업화 시대는 종말을 맞이했고 이미 정보화 시대가 시작되었다고 한다. 산업화 시대에는 당신이 열심히 일하고 회사와 정부가 당신을 돌봐주는 것이 규칙이었다. 하지만 정보화 시대에는 당신 스스로 앞길을 개척해 나가는 것이 최선이다.

　이미 얘기했듯이, 2010년은 베이비붐 세대들이 은퇴하기 시작하는 특별한 기준점이 되는 해이다. 그때 주식 시장은 위축되기 시작할 가능성이 높다. 그리고 그런 상태가 가속화되면, 사람들이 안정성을 쫓아 투자분을 회수하려 할 테고 주식 시장은 공황과 대폭락을 겪게 된다. 사람들이 재정적으로 파산하여 개인적인 경제난을 겪게 되면, 이는 곧 사회 전반의 경기 침체로 이어질 수 있다. 1929년 주가가 폭락하면서 미국 주식 시장이 붕괴되었을 때, 시장이 완전히 회복되기까지는 25년에 가까운 세월이 걸렸다. 만일 당신이 65세 때에 붕괴가 일어난다면, 주식 시장이 회복되기까지 25년을 다시 어떻게 기다린단 말인가.

　앞으로 주식 시장이 어떻게 전개될 것인지 좀 더 구체적으로 짚어보겠다. 1990년부터 2010년까지 주식 시장은 활황세를 보일 것이다. 이 기간에는 베이비붐 세대들이 한창 활발한 경제 활동으로 소득을 올리고 그 돈을 노후 대책 마련을 위해 주식에 투자할 것이기 때문이다. 그러나 2010년이 되면 그 활황세는 불황으로 돌아설 것이다. 그래서 재정적으로 안정된 노후를 맞으려는 그들의 꿈이 날아가 버리면, 사람들은 산업화 시대에 옳다고 여기던 생각이 더 이상 유효하지 않음을 깨닫게 될 것이다. 아마 이러한 추세에 대한 인식이 일반 대중에게 확산되려면 앞으로 약 7년에서 10년 정도가 소요되지 않을까 싶다(즉, 2010년경이나 되어야 한다는 얘기다). 점점 더 많은 사람들이 주식과 경제 상황에 대한 인식을 달리 갖게 될수록, 네트워크 마케팅 사업 시스템이 표방하는 논리가 더욱 설득력을 갖게 될 것이 분명하다. 물론 아직도 절대 다수의 사람들이 열심히 일한 뒤 은퇴하면 정부나 회사가 노후를 보장해 주는 산업화 시대의 논리를 믿으며 살아가고 있다.

세계가 깨어나고 있다

미국의 베이비붐 세대가 일으킨 경제적 활황이 수그러들 무렵인 2010년에는 아시아에서 새로운 베이비붐 군단이 두각을 나타내게 된다. 경제 붐의 축이 미국에서 아시아로 옮겨감에 따라 국제 네트워크 마케팅 회사에 참여하는 사람들은 새로운 추세에 맞춰 새로운 움직임에 들어갈 것이다. 친구나 이웃들이 인원 감축과 구조 조정으로 몸살을 앓고 있을 바로 그때 말이다. 정보화 시대에는 당신의 경쟁 상대가 반드시 당신 주변에 존재하는 게 아니다. 파키스탄에 사는 어떤 사람이 일당 20달러를 받는 조건으로, 시간당 20달러에 복지 혜택까지 받는 당신을 제치고 일을 빼앗아 갈 수도 있다는 얘기다.

오늘날 미국인들이 안고 있는 문제 가운데 하나는, 급격한 경제 성장으로 사람들 마음속에 자만과 자기 만족이 가득 차 있다는 점이다. 부자 아빠는 이렇게 말했다.

"사람들은 돈을 벌면 종종 자기의 IQ까지 높아진 것으로 착각한다. 그렇게 스스로 더 영리해졌다고 생각하고는 어리석은 일을 저지르기 시작하지. 사실상 IQ는 낮아지고 오만만 높아졌다는 것을 모르고 말이다."

갑자기 거액을 손에 거머쥔 복권 당첨자나 스포츠 스타들이 대개 금세 파산에 이르는 걸 보면 부자 아빠의 말에 고개를 끄덕이게 된다.

내가 이런 얘기들을 하는 이유는, 주식 시장이 급등과 급락을 반복하며 매우 불안정한 상황을 보여주고 있기 때문이다. 또 미국 달러는 세계 많은 나라의 화폐를 제치고 위력을 떨치고 있다. 이는 곧 미국인은 수입이 늘어날수록 개인 부채 또한 늘어난다는 의미다. 이는 전세계적으로 마찬가지다. 지금처럼 많은 사람들이 부채에 허덕였던 적도 없을 것이다. 얼마 전까지만 해도 사람들은 돈을 빌려서까지 주식 시장에 쏟아 부어놓고 벼락부자가 되기를 바랐다. 오만과 지혜를 구별할 줄 알아야 한다. 경제 호황을 누리던 당시 많은 사람들이 밤늦게까지 파티를 열고 술에 취해 흥청댔다. 앞서도 말했지만, 이제 그 거대한 경제 거품에 구멍이 드러난 상태다. 수많은 닷컴 기업들이 붕괴하기 시작했고, 주식 투자자들은 고가의 기술주 선호에서 방향을 바꿔 전통주들을 은신처로 삼는 추세다. 많은 사람들이 오늘날 주식 시장의 심한 변동성을 매우 주의 깊게 관찰하고 있다. 이러한 불안정성이 좀 더 지속되면, 선견지명을 지닌 많은 사람들은 일찌감치 네트워크 마케팅 사업으로 눈을 돌린 것을 퍽 다행스럽게 여기게 될 것이다.

아이작 뉴턴 경 역시 우리가 겪고 있는 경제 거품과 유사한 상황에서 파산을 경험한 일이 있다. 역사상 가장 천재적인 과학자로 평가받는 그 또한 1719년과 1722년 사이의 남해포말사건(South Sea Bubble, 에스페니아령 식민지와의 노예 무역권을 얻은 영국이 주가를 올렸으나 내용이 부실한 것으로 판명되어 주가가 폭락한 일: 옮긴이.) 당시, 경제 호황에 뒤이은 불황 때문에 거액을 탕진했다. 명민하고 똑똑한 뉴턴이었지만 너도나도 벼락부자가 되려는 시대 분위기에 휩쓸려 결국 낭패를 보고 만 것이다. 그는 이렇게 말했다고 한다. "천체의 움직임을 예측하는 나도 사람들의 광기만은 어쩔 수 없었다."

불황은 오지 않을 수도 있다

하지만 역사가 반드시 반복되라는 법은 없다. 오늘날의 주식 시장 불안은 곧 안정세를 되찾고 경제 호황이 영원히 계속될 수도 있다. 네트워크 마케팅 사업을 찾는 사람들이 오히려 잘못된 선택을 하고 있으며, 자신의 인생과 재정적 안정을 혼자 힘으로 해결하려는 것은 잘못된 판단인지도 모른다. 당신의 직장과 정부, 주식 시장이 당신을 제대로 된 방향으로 이끌고 있는 것일 수도 있다. 돈을 빌려다가 주식 시장에 자신의 미래를 거는 것이 경제적 안정을 얻기 위한 최선의 길일지도 모른다. 지속적인 교육보다는 행운에 자신의 삶을 내맡기는 편이 현명할지도 모른다. 하지만 내 생각은 다르다.

역사적으로 보면 대개 호황에 뒤이어 불황이 찾아왔다. 대부분의 사람들로서는 그다지 반가운 얘기가 아닐 것이다. 하지만 일부에게는 오히려 희소식일 수도 있다. 네트워크 마케팅 사업의 장점 가운데 하나는 전 세계를 활동 영역으로 삼는다는 사실이다. 만일 당신이 국제 네트워크 마케팅 사업에 참여하고 있다면, 경제적 불황을 호황에 버금가는 좋은 기회로 삼을 수 있다. 그리고 만일 경제 호황과 불황, 이 두 가지 모두를 기회로 활용할 수만 있다면 당신의 재정적 미래는 훌륭한 결실을 맺을 수 있을 것이다.

이상이 내가 네트워크 마케팅 산업의 미래가 매우 밝을 것으로 예상하는 몇 가지 이유다.

책을 끝내며

그럭저럭 성공한 사람과 진정으로 크게 성공한 사람은
그들이 가진 꿈의 크기에서 차이가 난다.

네트워크 마케팅이 당신에게 꼭 맞는 사업이라고 생각한다면, 내가 권하는 다음 사항을 반드시 따르기 바란다.

첫째, 당신의 삶을 반드시 변화시키겠다고 마음먹어라.

둘째, 네트워크 마케팅 사업을 파트타임으로 시작하라. 5년, 2년, 1년, 아니면 6개월이라도 그 사업에 온힘을 다해 전념하겠다는 목표를 세워라.

부자 아빠는 이렇게 말했다. "승자와 패자의 차이는 결승선을 대하는 태도에 있다. 승자는 자신이 결승선을 1등으로 넘었는지

꼴등으로 넘었는지 개의치 않는다. 그들이 중요하게 생각하는 것은 결승선을 넘는 일 자체이다. 하지만 패자는 결승선에 들어가기도 전에 포기해 버린다. 패자는 평생 100미터 경주에서 95미터까지만 달리고 주저앉는 사람이다."

셋째, 집요하게 목표에 매달려라. 일단 마음을 먹으면, 한 번 내린 결정을 수시로 바꾸지 말라. 그것은 실패자들이나 하는 짓거리다. 만일 앞으로 1년 동안 네트워크 마케팅 사업에 전념하기로 마음먹었다면, 그 1년 동안은 당신의 후원자가 권유하는 모든 행사와 모임에 빠지지 말고 참석하라. 적어도 자신의 핵심 가치와 사고방식을 획기적으로 향상시키고 싶다면 말이다. 나는 다섯 차례 모임에 참석하고 나서야 생각이 바뀌기 시작했고, 전에는 보이지 않았던 것들이 보이기 시작했다.

넷째, 목표를 설정하라. 당신은 무엇을 원하는가?

단지 매달 수입을 몇 푼 더 올리고 싶은가?
직장에서 받는 봉급을 대체할 수 있을 정도면 되는가?
일 년에 백만 달러를 버는 부자가 되길 원하는가?
한 달에 백만 달러를 버는 최고 부자가 되길 원하는가?

다섯째, 당신 삶이 온통 그 사업에 달린 것처럼 파고들고, 공부하라. 실제로 그렇기 때문이다.

여섯째, 꿈과 포부를 크게 가져라. 그리고 그 꿈을 절대 버리지 말라.

설령 당신이 그 꿈을 이루지 못한다 해도, 작은 꿈을 갖고 작은 꿈을 이루며 사는 것보다 큰 꿈을 갖고 그것을 향해 나아가는 것이 훨씬 낫다. 부자 아빠는 이렇게 말했다. "그럭저럭 성공한 사람과 진정으로 크게 성공한 사람은 그들이 가진 꿈의 크기에서 차이가 난다."

당신이 네트워크 마케팅 사업을 하기로 결정을 하든 안 하든 상관없이 꿈을 크게 가져라. 그 꿈이 언젠가는 실현될지도 모르는 법이니까. 그러니 가능한 한 큰 꿈과 야망을 갖고 살아가라.

옮긴이 | 안진환

경제경영 분야에서 활발하게 활동하고 있는 전문 번역가. 1963년 서울에서 태어나 연세대학교를 졸업했다. 『영어 실무 번역』, 『Cool 영작문』 등을 집필했고, 역서로 『스티브 잡스』, 『로그아웃에 도전한 우리의 겨울』(공역), 『트럼프, 승자의 생각법』, 『넛지』, 『빌 게이츠@생각의 속도』, 『The One Page Proposal』, 『포지셔닝』, 『괴짜경제학』, 『미운오리새끼의 출근』, 『피라니아 이야기』, 『실리콘밸리 스토리』, 『전쟁의 기술』, 『애덤 스미스 구하기』 등이 있다.

부자 아빠의 비즈니스 스쿨

1판 1쇄 펴냄 2003년 5월 20일
1판 68쇄 펴냄 2025년 9월 23일

지은이 | 로버트 기요사키 · 샤론 레흐트
옮긴이 | 안진환
발행인 | 박근섭
펴낸곳 | ㈜민음인

출판등록 | 2009. 10. 8 (제2009-000273호)
주소 | 06027 서울 강남구 도산대로 1길 62 강남출판문화센터 5층
전화 | 영업부 515-2000 편집부 3446-8774 팩시밀리 515-2007
홈페이지 | minumin.minumsa.com

도서 파본 등의 이유로 반송이 필요할 경우에는 구매처에서 교환하시고
출판사 교환이 필요할 경우에는 아래 주소로 반송 사유를 적어 도서와 함께 보내주세요.
06027 서울 강남구 도산대로 1길 62 강남출판문화센터 6층 민음인 마케팅부

ⓒ ㈜민음인, 2003. Printed in Seoul, Korea
ISBN 978-89-8273-475-5   03320

㈜민음인은 민음사 출판 그룹의 브랜드입니다.